台湾が独立する日

日台米中問題の核心

元台湾駐在員　田代正廣

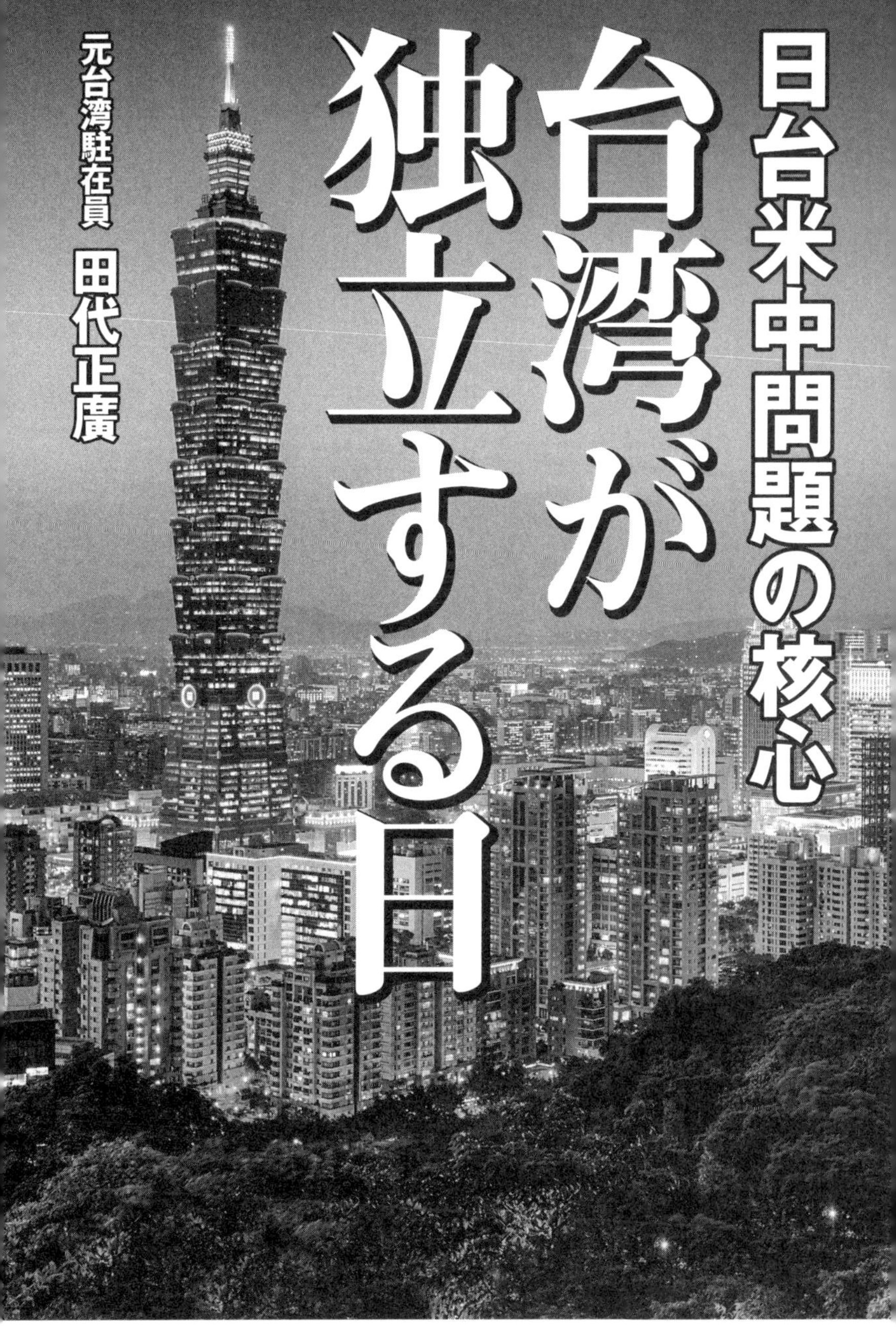

彩図社

はじめに

　2019年1月2日、中国の習近平《しゅうきんぺい》国家主席は、北京で台湾政策について演説を行い、「台湾問題は中国の内政問題だ。いかなる外部勢力の干渉も許さない」と語った。武器売却決定などで台湾の蔡英文《さいえいぶん》政権との関係強化に動くアメリカを強く牽制したのである。

　そして、「一つの中国」の原則を堅持するとともに、平和統一の目標は維持するものの、「武力行使を放棄することは承諾しない」とアメリカと台湾に警告を発した。また、香港とマカオに「高度な自治」を保障した「一国二制度」を台湾に適用する考えを改めて示し、中国と台湾の政党や各界の代表者が政治協議を進めることを呼びかけた。

　これに対して、蔡総統は台北で緊急の記者会見を行い、「台湾は一国二制度を絶対に受け入れない」と習氏の演説に強く反発した。「台湾内の分裂を誘い、民進党を下野させる大きな布石」と見て警戒を強めている。

　もともと、「一国二制度」は台湾統一のために1970年代に考え出されたものだ。高度な自治権を与え、軍隊を有することも容認し、経済社会制度も変えなくてよいと提案したことがあった。主権を譲ることはないが、好きにやってくださいということである。しかし、当時の台湾の蒋経国《しょうけいこく》総統は「交渉せず、談判せず、妥協せず」の「三不政策」を掲げ、これを拒否した経緯がある。

現在でも、蔡政権が、そして台湾人が、「一国二制度」が適用された香港の悪しき例をよく知っているから、この「一国二制度」を受け入れることはあり得ない。中国の言っていることがウソばかりだったということがわかり、まったく信用していないのである。

1997年以降の香港に適用された「一国二制度」の実態を少し見てみよう。

香港の「一国二制度」では、中国人民解放軍や中国公安部の香港駐留を認めさせられた他、行政長官などの人事に対して中国の介入が事実上容認されていたことなど、「高度な自治」などほど遠い話であり、「制限された自治」があるだけだった。

返還時に定められた香港特別行政区基本法では、将来的に現地の行政長官を直接選挙を通じて選出することが明記されたが、実際には、親中国政府色の強い選挙委員会の推薦を得た人だけが候補者になれるという制限を課した選挙だった。つまり、共産党体制の意向に沿わない人物は、排除されるということである。

それに加えて、訪れる中国人観光客のマナーの悪さによって香港人との軋轢がひろがった他、中国が香港のメディアに対して言論統制を強化したことも、香港市民の抵抗感情に火をつけた。

こうした状況が臨界点を迎えたのが、2014年9月末に始まった学生を中心とした市民デモだった。学生の授業ボイコットから始まった抗議デモは、香港の民主化と自治を叫び、市内各地を長期間占拠した。それに対して機動隊はデモ隊を強制排除しようと催涙スプレーを噴射してきた。デモ参加者がこれを傘で防御したことから「雨傘革命」と呼ばれた。一国二制度の矛盾は雨傘革命で露わになったのだ。

実は、この「雨傘革命」に重要な影響を与えたのが、台湾の「ひまわり学生運動」だった。2013年、親中政策を進めていた馬英九《ばえいきゅう》政権が中国と結んだ「両岸経済協力枠組協議」に基づいて「サービス貿易協定」の批准を強行しようとしたのだが、馬総統はこの協定を秘密協定として進め、交渉妥結後に署名してから国民に公開した。

しかし、この協定は、中国側だけにメリットのある不平等条約ではないかと、2014年3月に、300名以上の学生デモ参加者が立法院を占拠する「ひまわり学生運動」が発生した。結果的には、この審議を行わないと約束させたのだ。このような台湾での市民運動の成功を見て、香港でも学生たちが立ち上がったのだった。香港の「雨傘運動」も、台湾の「ひまわり学生運動」も、もとを辿れば、人間に対する尊厳と包容力に欠ける中国の強権的なやり方に強く反発して蜂起したものだ。

すると、今度はアメリカのペンス副大統領が、2018年10月に、中国の姿勢に対して「国家表明」を発表した。

「中国共産党は昨年から、中南米3カ国に対し、台湾との関係を断ち切り、中国を承認するよう説得している。これらの行動は台湾海峡の安定を脅かすものであり、米国はこれを非難する。アメリカ政府は『一つの中国政策』を尊重し続ける一方で、台湾の民主主義への支持は、全中国人にとってより良い道であると常に信じている」

冒頭の習近平国家主席の演説は、これに対する回答である。

台湾をめぐる話となると、中国は「台湾は中国の一部だ」と主張し、「台湾が独立すれば武力で鎮圧する」と恫喝をする。一方、アメリカはその状況に対して「中国が台湾を武力で侵攻すれば、アメリカは台湾を守る」と言う。

2つの大国がこのようににらみ合う舞台となっている台湾のことを我々はどれだけ知って

いるのだろうか？

世界のマスメディアも我々日本人もこの島のことを「中華民国」とは呼ばずに「台湾」と呼び、「一つの国家」のように扱っている。「台湾」の独立に猛反対し、主権を認めていない中国ですら「台湾」と呼んでいる。オリンピックにも台湾の選手は出場しているが、現在国連には加盟していない。知れば知るほど不思議な状況なのだ。

そこで過去、電気機器メーカーの高雄営業所顧問として台湾に駐在した経験のある私が、台湾の独立問題についてさまざまな角度から執筆したのが本書である。歴史的背景を説明するとともになるべく台湾人の生の声を聞き、取り入れることを心がけた。

台湾にとっての独立とはどういうことを意味するのか？　なぜ、中国は台湾に対して「一つの中国」という原則を強要するのか？　なぜ、アメリカは台湾を守ろうとするのか？　そして現在の台湾でどのような活動が行われているのか？

それらの疑問を解き明かし、核心に迫りたいと思う。

台湾が独立する日　目次

第3章　国民党の支配と民主化への道

第4章　台湾が独立する日

第1章　台湾にとって独立とは何か？

台湾は国なのか？

ドイツの法学者・国家学者であるゲオルグ・イェリネックの学説によると、「国家」とは、次の三要素を持つものだという。

・一定に区画されている「領域（領土、領水、領空）」
・恒久的に属し一時の好悪で脱したり復したりはしない「人民（国民、住民）」
・正統な物理的実力のことである「権力ないし主権」

これに照らし合わせてみれば、台湾は「国家の三要素」が具備されている「国家」に違いないのだが、世界的に見ると、そう言い切ることは難しい状況にある。現在、台湾と国交を結んでいる国の数は17ヵ国に過ぎない。毎年大勢の観光客が訪台する日本すら、正式な国交を結んではいないのである。

台湾と外交関係にある国は、ツバル、ソロモン諸島、マーシャル諸島、パラオ、キリバス、ナウル、バチカン、グアテマラ、パラグアイ、ホンジュラス、ハイチ、ベリーズ、セントビンセント、セントクリストファー・ネーヴィス、ニカラグア、セントルシア、エスワティニの17ヵ国だが、聞き覚えのない国も多いかもしれない。G20に加盟する国は1つも入っていない。

なぜかといえば、「一つの中国」という原則を振りかざす中国が、台湾と断交することを強要しているからである。それによって台湾を国際的に孤立化させ、統一を図ろうとしているのだ。そして中国のこの政策が功を奏しているのか、勉強不足なのかはわからないが、日本人の中には「台湾は中国のものだ」と漠然と思い込んでいる人が多い。

そのような誤解を解くために、台湾の歴史について説明しよう。

蒋介石の亡命政権が台湾を支配

1895年から50年間、台湾は日本領だった。

1945年、太平洋戦争終戦直後に、重慶にいた「中華民国国民党」の蒋介石《しょうかいせき》は、連合国の一員として、カイロ会談で返還されることになったという「台湾」に先遣隊を派遣することを決め、一方的に台湾の占領を宣言した。

当初、台湾人の多くは、これで祖国復帰できると歓迎したが、やがてそれは失望に変わった。台湾にやってきた国民党政府の官僚や軍人の中には強盗・強姦・殺人などの凶悪犯罪を犯す者も多く、治安は悪化。また、激しいインフレーションが起こり、企業の倒産が続出し、失業率も深刻化する事態になった。そして1947年には二・二八事件が起こり、2万8000人とも言われる犠牲者が出た（詳細は62ページ）。

1949年に大陸に「中華人民共和国」が建国されると、共産党に敗れた蒋介石が率いる亡命政権「中華民国」が乗り込んできた。

蒋介石は、それでも、大陸反攻の夢を捨てることなく、「中国を代表する唯一の正統政権」と称し、「台湾は中国の一部」とする大陸も含めた「中華民国憲法」を施行した。同時に、戒厳令も発令した。

これに伴い、台湾は「中華民国台湾省」と改名された。蒋介石一行とともにやって来た中国人200万人は、台湾省の外から来たために「外省人」、台湾人は台湾省の内にいたので「内省人」と呼ばれるようになった。このような背景があるため、台湾人は「内省人」と呼ばれることを好ましく思っていない。

もちろんこのような「中華民国」支配は不法なものだった。一方、「中華民国」を破った「中華人民共和国」は「中華民国」の領土をすべて継承するという立場を主張し、その領土には台湾も含まれるとして、いわゆる「台湾開放」を目指していた。

しかし、アメリカが宣言した「台湾海峡の中立化」によって、「中華民国」と「中華人民共和国」の相互侵略の道は断たれ、「中華民国」はアメリカの軍事保護下に置かれた。

そして、冷戦時代を背景に日本もアメリカも「中華民国」を「中国政府」と承認したのだが、それは中国の台湾領有を認めるということではなかった。更に、日本が台湾の主権を放棄したサンフランシスコ平和条約でも、台湾の帰属先はなく、国際的地位も未定となったままだ。そのうえ、翌年に締結された日本と中華民国との日華平和条約でも、放棄された台湾の主権はどこに移ったか明確な記述はないのである。

軍装の蒋介石

それもそのはずである。台湾が自らの意思で住民自決しようと思っても、このとき、すでに、蒋介石の中華民国が台湾を独裁支配していたから、台湾独立どころではなかったのだ。

その後、「中国政府」を代表していた「中華民国」は、「中華人民共和国」の友好国であるアルバニア人民共和国が提出した「国際連合における中華人民共和国の合法的権利の取得」決議が採択されたことによって、国連を脱退せざるを得なくなり、代わって「中国政府」として認められた「中華人民共和国」が国連に加盟した。

これを機に、「中華人民共和国」は「自国こそ全中国を代表する唯一の合法的政府である」と宣言し、「一つの中国」を振りかざし、台湾も領土とする立場を一段と強めた。

そして、「中華民国」と国交を持つ国々に対して、「中華民国」と断交し、「中華人民共和国」と国交を結ぶように圧力をかけてきた。

その結果、「中華民国」は国交を持つ国を減らし、国際社会で孤立化への道を辿っていくのだが、それと同時に、島内では国民党による秘密警察政治が公然と行われていた。

台湾人の悲哀

台湾人から見れば、「中華民国」という体制は「中国人」が台湾人を弾圧・搾取する過酷な植民地体制でしかなかった。台湾人は、軍と秘密警察によって抑圧され続けた。教育にしても、台湾のことは教えずに、大陸のことばかり教えるのだ。

また、共産主義者や台湾独立分子を取り締まるという名目で、秘密警察を全島津々浦々に張り巡らせ、台湾人の生活にも深く侵入していった。それは裏切りと暴力にまみれたものであり、台湾人は理由もなく「国家」から襲われる危険に怯えていた。

私は１９８０年から5年間、電子機器のＴ社の台湾子会社であるＴＴ社の高雄営業所顧問として、高雄に駐在したことがあった。このＴＴ社には外省人はまったくおらず、そのほとんどは内省人、つまり、台湾人（福建人《ふっけん》、客家人《はっか》）であった。

ある日曜日、台湾人の劉《りゅう》さんが、自宅マンションを購入したからといって、私を昼食会に招待してくれた。テレビがついていたので「台湾のテレビでは放映されている画面には必ず北京語の字幕が流れていますね」と言うと劉さんは無念そうに答えた。

「国民党は台湾の公用語を北京語にして、日本語は当然としても、台湾語までも排斥したんです。我々台湾人が台湾語を公の場で使ってはダメなんです」

だが、次の瞬間、その無念さを劉さんは笑いのネタにしてみせた。

そのネタというのが、私に見せてくれた１９５０年代の学校の教科書であった。中国語の教科書に「我是中国人《ウオシツオンコウレン》、你是中国人《ニィシツオンコウレン》、他是中国人《タアシツオンコウレン》（私は中国人、あなたも中国人、彼も中国人）」と書かれているのだが、これを台湾語で音読みにすると「餓死中国人《ウオシツオンコウレン》（中国人を餓死させよう）、捏死中国人《ニィシツオンコウレン》（中国人を絞め殺そう）、踏死中国人《タアシツオンコウレン》（中国人を踏みつぶそう）」となるそうだ。そのことを言い終わると、劉さんは大笑いしていた。

しかし、うまい具合に音に合わせた漢字があったものだ。これは、当時台湾人の間では秘密裏に流行っていたものだったようだ。

クリオが台湾に一度だけ微笑んだ

「台湾は中国の一部」との理由で台湾支配を正当化していた独裁総統の蒋介石とその子の蒋経国総統が亡くなると、一発の銃声も権謀術数もなく憲法の規定により、副総統である台湾人の李登輝《りとうき》が総統代行に就任した。１９８８年のことである。そして１９９０年３月に行われた総選挙で正式に総統に選出された。

それも、台湾の国民だけによる総統選挙によって総統に就任したのだから、これを機に、台湾という国家が誕生したという見方もできるだろう。

この奇跡について、司馬遼太郎は、『台湾紀行』の中で次のように述べている。

「クリオ（ギリシャ神話で歴史をつかさどる女神）が、どの国にも一度だけ微笑むとすれば、台湾の場合はこのときであったにちがいない」

しかし、これでようやく「台湾は中国の一部」という根拠は消えたことになるのではないかと思いきや、「台湾は中国の一部」とする中華民国憲法がまだ残っているのである。

これについても、司馬遼太郎は「『青天白日』旗をおろし、中華民国の呼称をやめ、単に台湾共和国にすればどうだろう、一挙に現実感のあふれる国家になるのではないかと思うのだが」と改名を提唱しているが、そうなれば、「外省人たちが大反発し、平地に波瀾をおこすということになりかねないのである」とも危惧していた。

台湾民主化の父・李登輝

李登輝も、その点については、「台湾独立など、百害あって一利なし」と言い、まだ「時期尚早だ」と判断していた。それよりもまず、李登輝が実行したことは戒厳令の廃止であった。これは内戦の終結を意味していた。次いで、刑法の改正を行い、言論の自由が認められた。さらに、台湾省を凍結し台湾省政府は事実上廃止とした。これによって、台湾人はもう「内省人」と言われることはなくなった。

台湾正名運動始まる

その後、陳水扁《ちんすいへん》政権時代になり、在日台湾同郷会や他の台湾関係の賛助団体に対して、在日台湾人から「日本の出入国管理局は我々台湾人を『中国人』としている」という不満が多く寄せられるようになった。

そこで、在日台湾同郷会は他の賛助団体名を付して会長名で、台湾政府や台北駐日経済文化代表処に外国人登録証正名《せいめい》の陳情書を、日本政府に抗議文を提出した。そして、日本李登輝友の会や在日台湾同郷会は台湾研究フォーラムの協力の下、「正名運動プロジェクトチーム」を発足させ、台湾人の国籍表記を「中国」から「台湾」に正すための署名活動や政治家への陳情・省庁への申し入れなど足掛け8年の活動をしてきた。

その結果、入管法改正で台湾出身者は「台湾人」と表記されることが決定したのである。

この運動がきっかけとなり台湾の正名運動が盛り上がった。

現在、この運動は「台湾正名運動」と呼ばれているが、中国が一番恐れている李登輝元総統は、現在でもこの運動のリーダーである。李登輝はよく「台湾はすでに独立している。いちいち独立と騒いで政治問題化するな」と言っている。台湾は中国に従属しない独立国家だと言いたいのだ。

いずれにしても、「台湾は中国の一部」とする中華民国憲法を廃止するには、「台湾独自の憲法を制定」し、国名も「台湾」に改名しなければならない。これは、台湾人の住民自決権の行使であって、中国も干渉することはできないものだ。そのための公民投票法案は国会ですでに成立している。

それが実現すれば、国連にも加盟できるであろうし、中国が「台湾を統一する」とか「開放する」といった口実はまったく消え去ることになる。

一方、このような台湾の動きに対して、中国は「台湾独立」分裂活動に断固反対している。台湾を祖国から切り離そうとする者は決して許さない、と若年層に広がる独立論を強く牽制している。

「もしも、台湾が独立を主張したら、『反国家分裂法』（台湾への武力行使の法的根拠）によって、台湾への武力攻撃もあり得る」と軍事力の強さをアピールし、恫喝しているのだ。しかし、台湾の年配者の多くは、こうした類の恫喝は幼少の頃から耳にタコができるほど聞いているため、「ハイハイ」と聞き流しているだけで、すでにその効果は消えているようだ。

また、「台湾海峡問題は、当事者である台湾と中国が話し合いの上、平和的に解決することを望む」といった見解もよく見られるが、なぜ、台湾の自決権が否定されるのか、台湾人には不満なのである。

ここまで台湾の独立問題の基礎知識について述べてきたが、第2章では更に詳しく、台湾にとって独立とはどういうことなのか、そして台湾人がいかにアイデンティティに目覚めていったのかを見ていきたい。

第2章　アイデンティティに目覚めた台湾

「クニ」の意識がなかった頃の台湾

16世紀頃、ポルトガルの貿易商人によって「Ilha《イーリャ》 Formosa《フォルモサ》（麗しき島）」と呼ばれた台湾が、文献に出てくるのは、いつ頃のことであろうか。

「後漢書」の中で、台湾らしき島が「夷州《いしゅう》」という名で登場している。後漢は西暦25年〜220年だから、かなり古い。また、「隋書・琉求国」には、なぜか「夷州」から「琉求」へと名が変わっているが、隋の煬帝が「琉求」に朝貢させようと、1万人の兵を派遣したとある。先住民には「クニ」という意識もなく、それぞれの集落で、ひとつひとつ独立して暮らしていた。先住民側は何のことかサッパリわからず、戦闘状態になり、結局、隋軍は侵攻後1ヶ月で撤退したようだ。

元軍もやはり朝貢を求め上陸したが、隋軍同様、先住民の抵抗が激しく引き揚げたのである。その元が滅び、明の時代になった。この頃の台湾は、倭寇や海賊の巣窟だった。この海賊のほとんどは漢人海賊であった。

この海賊集団は、朝鮮半島や中国大陸の沿岸部、東アジア諸地域で密貿易を行なっており、明王朝は、海禁令を出して民間の交易を禁じるなどの倭寇・海賊対策をとっていたが、結局台湾に逃げられていた。

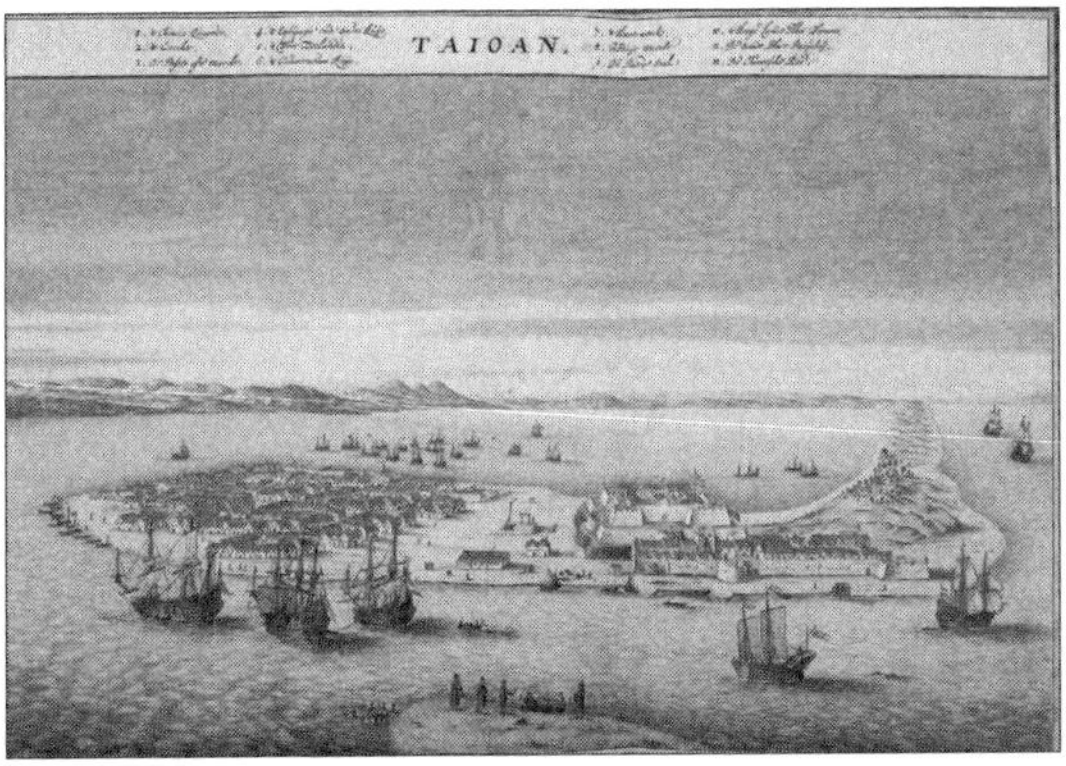

オランダ統治時代の台湾

この頃は、倭寇や海賊だけでなく、中国の福建や広東からも台湾へ移住する者が急激に増加し、やってきた漢族系移住民は、平埔《へいほ》族（西部の平野部に住む漢族系先住民）を除く平地にいた先住民を山間部に追い込んでいった。彼らは移住民に押されてまるで山岳民族のような生活を強いられるようになる。これらの先住民は、今日の台湾では、高山族と呼ばれている。

先住民は、18の部族に分かれてそれぞれの言語と風俗習慣を持ち独自の社会を構成していたから、台湾に統一された政権や王権は樹立されていなかった。

16世紀末に、豊臣秀吉は、ルソン島に入貢をうながす使者を送った折に、その途中にある台湾にも親書を持たせていた。台湾を「高山国」と称して、宛名も「高山国王」としていたのだが、先住民がそれぞれに独立して暮らしているだけで、統一政権もなければ、ルソン島のような植民政権もなかった。ということは、親書を受け取る代表者がいなかったのである。

17世紀初めになると、インドネシア方面からオランダ人が北上し、フィリピンからはスペイン人が姿を現した。オランダは台南を、スペインは台北を占領するが、後にスペインはオランダに追われて撤退する。明王朝と異なり、オランダは台湾の肥沃な土地と物産に着目し、単なる貿易の中継拠点ではなく搾取型植民地として統治した。

ところで、李登輝が総統に選出されるまでの中華民国時代の台湾人は、学校の授業では大陸のことばかり教えられていたようであるが、実際にはどうだったか台湾人に聞いてみた。

日本在住の台湾人ジャーナリストである謝恵芝さんは次のように答えた。

「学校で台湾の歴史学習なんかほとんどなかったですね、あるとしたら、国民党が台湾に入ってからの台湾の地で起きた出来事ぐらいの歴史で、その前の台湾についての歴史はなかったと思います」

やはり教えられていなかったのだ。さらに「学んだことがなければ、どのようにして台湾の歴史を知りましたか？」と質問をすると、次のような答えだった。

「それはほとんど日本に来てから、台湾で李登輝さんが総統になってから、台湾が民主化になってから、インターネットが普及し始めてから、いろいろ情報が入るようになり、やっと台湾の正しい道のりを知るようになりました」

また、セデック族のルビ・ワリスさんは次のように答えた。

「ない。中国の地図が中華民国として大きく載っており、学んだのは中国の歴史です。主人と結婚して日本で生活を始めてから、家に多くの台湾関係の本があったので、まず主人の考えをいろいろと知り、自分でそれらの本を読み、少しずつ知っていった」

おふたりとも自分の母国の歴史を学ぶのに、大変ご苦労されていたようだ。

台湾人留学生の江永博さんの回答は次のようなものだった。

「国定教科書の世代なので、中華民国史の一環として、台湾が紹介された。台湾の歴史については、あまり詳しくないが、オランダ時代、鄭氏時代、日本占拠時代と戦後が紹介されたと思う」

台湾では台湾の歴史に触る程度であったようだ。そして江さんは次のように続け、日本で台湾の歴史を研究する抱負を語ってくれた。

「自分は大学の歴史学科で勉強していたが、台湾の詳しい歴史（特に植民地時期）については日本に来てから関心を持つようになった。現在は植民地時期の台湾の歴史を研究している」

台湾の英雄、鄭成功

大陸に目を向けると、満州族に押され風前の灯だった明王朝は、東アジア海域に勢力を張る海賊の首領、鄭芝竜《ていしりゅう》を招き、その軍事力と資金力に期待をかけた。鄭芝竜は日本の平戸に滞在中、日本人である田川氏の娘マツと結ばれ、生まれたのが鄭森《ていしん》、のちの鄭成功《ていせいこう》である。

最後の皇帝が自害し明が滅亡すると、鄭一族は、清朝に抵抗するために福州で明の皇帝一族を擁立して隆武帝とした。このとき、21歳の鄭森は隆武帝に拝謁し、「忠義を尽くせ」との言葉と明王朝の姓（国姓）である「朱」を授かり、名も「成功」と改められた。

ところが、清軍が南進してきて、実際には敗戦が続き、戦力を立て直すために台湾南部に逃げ延びた。そこでは、漢人移住民たちがオランダ支配の重税にあえいでいた。新天地と期待した土地で、彼らの生活が豊かになることはなかった。

台南に上陸した鄭成功とその軍団は、１６６２年にそのオランダ勢力を駆逐した。38年間にわたるオランダ支配からの解放であった。オランダ人に憤懣を抱き、敵愾心を燃やしていた漢人移住民は鄭成功の軍勢を歓迎した。鄭成功の軍団はその家族も含めると約３万人にもなる。中国から台湾への最初の集団移民だった。

人口が一挙に10万人にも達し、食料の増産が急務であったが、台湾に五穀は実らず、食料不足となった。その上税金ばかり高くなり、生活は困窮していた。鄭成功を歓迎した台湾住民の心はすでに離れ、憎悪が増すばかりであった。

結局、その台湾の英雄も移住後1年足らずで亡くなってしまう。39歳という若さであった。

鄭成功の死後も彼の子孫らが抵抗を続けたが、清国政府は鄭に背いた施琅《しろう》を使って台湾攻略に成功し、20年間強に及ぶ鄭政権の幕が下ろされた。

オランダの支配を打ち破った鄭成功

鄭成功はオランダ支配に苦しんでいた台湾住民を解放したのだが、見方を変えれば、大陸での戦いに敗れ、台湾を不法占拠した蒋介石軍と同じではないかということも言える。
そこで、台湾人は鄭成功について、どう思っているかを尋ねてみた。
謝恵芝さんは英雄論を否定していた。
「教科書にはそういうふうに載っていたの

で、当時はそう思っていました。今は全然そうは思っていません。あくまでも外来政権が統治を正当性に持っていくための嘘話だと思います。国民党と同じですね。泥棒です」

セデック族のルビ・ワリスさんは台湾人を解放してくれたことは認めていた。

「鄭成功の時代は台湾は貿易などの中継地点であった。オランダであっても占拠したのは平野部のごく一部である。アジアに侵略して来た欧米勢力を台湾から駆逐した事は評価する」

台湾人留学生の江永博さんは必ずしも英雄とは評価していなかった。

「時代、そして立場によって、考え方はそれぞれだと思う。僕にとって、鄭成功という人物はあくまでも歴史人物として認識している。オランダ人を駆逐した『漢民族』の英雄でもあるが、現在の台湾では自分は漢民族かどうかも分からなくなってしまったと言っても過言ではないほど、アイデンティティの混乱に陥ったため、現在の『台湾人』にとっては英雄と言えるかどうかは人によるであろう」

幻になった台湾民主国独立宣言

鄭政権を滅ぼし、台湾を領有した清王朝はその統治にはきわめて消極的であったが、ある事件以降急に積極的な姿勢を見せるようになった。それが、有名な牡丹社《ぼたんしゃ》事件である。1871年、台湾南部に漂着した琉球の宮古島の住民66名の内54名が牡丹社の先住民に殺害され、残る12名がかろうじて帰国することができたという事件だ。

これに対して、日本は清国政府と交渉したが、その地域は「化外《けがい》の地」、つまり管轄外だとして、責任を回避した。そこで、日本は台湾南部を占領して清国に圧力をかけ、両国に北京専約を結び収束した。

この一件がきっかけとなって清国政府は積極政策に転換し、台湾内の通信用送電線の敷設、行政区画の再編成、土地調査の実施、鉄道局や電報総局、官医局などの設置を行い、環境を整えていった。これらの中にはその後の日本統治時代の基礎となったものもあった。

鄭政権を滅ぼして、清朝の統治が200年以上も続くと、当時の台湾文化も清国文化の影響を大いに受けていた。漢民族以外は野蛮人であるという中華思想も、纏足も、大陸からの移住民によって持ち込まれていた。

阿片もそのうちの1つである。司馬遼太郎も『台湾紀行』の中で、台湾の絵はがきに見られる阿片吸飲情景について「当時の富貴な家では、自分の息子がそとで酒色に溺れて家を敗るよりも、家で阿片を吸うことを奨励した」と記している。1842年8月に清とイギリスによる阿片戦争は終結したものの、しばらくの間は清国内から阿片が絶えることはなく、この悪弊は19世紀末に香港あるいは澎湖島《ほうことう》を経由して、台湾にも蔓延していた。

中華思想についてもしかりである。１８９５年4月の日清講和条約により、台湾が日本に割譲されることが決まったのだが、その噂が現地に伝わったとき、人々は愕然とした。

特に、漢族系移住民が集中している台南を中心とした南部と中部では、大陸同様に華夷思想が浸透していたため、現地の人々は割譲の相手が一段下と見ていた日本であることに戸惑い、憤激した。日本人を「倭人」として侮蔑し、「日本は東夷のひとつだ」「東海の小さな野蛮国でないか」「話に聞くと弁髪を切り纏足と阿片を禁じるらしい、そのような野蛮な国に支配されたくない」と激しく抵抗し続けた。

その直後、在台湾の清の官僚や民間の上流階級層等はこれに反対し、数ヶ月でも戦って持ちこたえれば、干渉してくる国も出てくるであろうと考え、窮余の一策に出た。台湾独立の準備が進められ、「わが台民、敵に仕うるよりは死することを望まん」と、「台湾民主国独立宣言」が布告された。もはや清朝とは関係なく、一個の独立国として列強と手を結ぼうというのである。

急ごしらえではあったが、その着想は最高の選択であった。だが、指導者の選択を誤ったのだ。

清から派遣されていた台湾長官の唐景崧《とうけいすう》が台湾民主国の初代総統に任命されたのだが、「清朝廷に対し、他意はなく、忠誠である」と、縷々打電していたことに、民間の上流階級層はおかしいと感じていたという。このためか、台湾民主国が台湾史の一時代を画したという評価は得られていない。「クニ」に目覚めていない台湾人は参加しておらず、清の官僚や民間の上流階級層だけが仕組んだ「台湾民主国」だったからだ。

案の定、彼はあろうことか公金40万両《テール》（当時の約70万円）を上海に送金し、老婆に変装して淡水からドイツ汽船でアモイに逃亡したのである。独立式典よりわずか２週間たらずのことであった。

総統の唐景崧に誘われるかのように副総統や大将軍らが相次いで逃亡し、台湾独立の夢は消えた。台湾人は、中国人の素性に無知であったと言わざるをえない。

台湾民主国は崩壊しても、日本へ台湾が割譲されることに対して、台湾人の抵抗は続いた。

清朝時代の台湾も清国文化の影響を大いに受けていた時代である。

そこで、清朝文化や台湾民主国独立について台湾人に聞いてみた。

「学校の歴史で、清朝時代に影響を受けた台湾文化（中華思想、纏足、阿片）について学んだことがありますか？」との質問に、謝恵芝さんはこう答えてくれた。

「歴史も地理も、当時は好きではなかったので、あんまり気にしていなかったです。とにかく教科書では良いものは中華民国の恩恵、悪いものはすべて日本時代の遺毒、台湾人が文句あるなら、全部日本のせいだと教え込まれました」

また、「幻に終わった『台湾民主国独立』という話があったことを知っていますか？」との問いには、次のような回答だった。

「この話は知らないです」

セデック族のルビ・ワリスさんも同様である。

「知りませんでした。日本に来てから知った」

それに対して江永博さんは次のように答え、これから自分で研究を続けていくと述べた。

「学校教育では中華思想、纏足、阿片などについてそれぞれ紹介された記憶がある。『台湾民主國』について、一応日本台湾領有前期の歴史なので、僕の研究の射程範囲に入っている」

国家の礎が築かれた日本統治時代

２０１２年に友人の後藤さんと台湾を訪れたとき、台北駅近くの二二八和平公園を歩いていると、国立台湾博物館（旧・児玉総督後藤民政長官記念館）が目にとまった。

これは児玉源太郎、後藤新平の偉業をたたえるために建設された博物館で、そこの３階の一角に児玉総督と後藤民政長官の銅像が置かれている。その階の中央には、苗の品種改良の変遷をたどる史料や当時のインフラ整備資料も展示されていた。このような展示は私が台湾に駐在していた頃には見ることができなかったが、１９９２年に言論の自由が認められてから可能となったのである。

翌々日、高雄に行ったとき、昔の仲間である劉さんにこの展示について聞いたが、ちょうどオープンしたばかりだったので知らなかったようだ。

それにしても、平日であるにもかかわらず、20歳前後の大学生と思しき台湾人がたくさん来ていて、資料をじっくりと見ながらメモをとっていた。彼らは、おそらくアニメなどの文化を通じて日本ファンになった世代であろうが、日本統治時代のことも勉強している姿がとても印象深かった。

ところで、日本の統治が始まった初期の頃には、初代総督から3代総督まで抗日抵抗運動の鎮圧に明け暮れ、３人とも辞任している。そして、その後釜として、４代総督児玉源太郎、民政局長後藤新平が統治は困難という定評があった台湾統治に尽力することになる。

台湾統治にあたっての児玉の信念は「台湾の統治の目的は、征討することではなく、安定した生活をもたらすことである」というもので、この考えは、産業で得た利潤を本国に吸い上げる欧米型の植民地政策とは根本的に異なるものである。民衆から搾取するのではなく、民衆に忠誠を強いるのでもなく、民衆とともに生きようとするものであった。

一方、児玉から全幅の信頼を得ていた後藤は、「一国民の衛生水準の向上が、国富の源泉につながる」との信念から、まず、土地調査などの徹底した調査事業を行って現地の状況を知悉《ちしつ》した上で、ゲリラ投降策、阿片漸禁政策、衛生調査及び上下水道の整備、道路・港湾・鉄道の建設、製糖産業の発展など、矢継ぎ早に近代化政策を実行した。

もちろん、これらの事業を実現するには、莫大な資金が必要だった。だが、それらは日本の「台湾事業公債」の発行によって、また、「台湾銀行」からの借入金や事業公債の発行によって賄うことができた。

台湾の近代化に尽力した児玉源太郎（左）と後藤新平（右）

その結果、台湾経済は急速に発展し、１９０５年以降、日本政府からの補助金を受けることなく財政的に独立することになる。さらに、殖産興業にも着工し、砂糖事業の増産に挑んだ。また、お茶、米、阿里山《ありさん》開発にも取り組んだ。

こうした努力が実り、当初７０００万円の赤字だった台湾経営が、７年後の１９０５年には黒字となり、５００万円の余剰金を生むことができたのである。「土匪を根絶させ、悪疫を除き、産業を興し、国民の幸せを図る」という目標に邁進してきた児玉と後藤の苦心惨憺《くしんさんたん》の台湾経営は、８年という月日を経てついにその目標を達成したのである。このとき築かれたインフラが、現在も台湾経済を支えている。

台湾の元総統である李登輝は、日本の台湾統治を振り返り、砂糖事業を切り開いた新渡戸稲造について、「『恨みは水に流し、恩は石に刻め』と言う言葉がありますが、新渡戸先生は台湾のために多大な貢献をした、台湾人にとって永久に忘れられない日本人の1人です」と讃えている。

また、台湾政治運動家である黄昭堂《こうしようどう》は日本統治時代について次のように分析している。

「日本の台湾支配が始まった初期においては、一部の台湾住民が独立をさけび、抗日ゲリラが南北に転戦して連帯意識を高めた。また後期には交通の発達によって住民間の往来が容易になり、こうして『台湾人』としての共同意識が成長していった。もちろん、この場合の『台湾人』とは、『日本人』に対応するものであり、漢族との種族的きずなは断ち切られていない。

だが、それが『台湾人』の形をとって、『中国人』の形をとらなかったのは、つぎの理由による。

第一に、日本の台湾占領をまえにして、もしくは占領後の国籍選択によって、台湾にとどまりたくない者は台湾を去り、台湾に愛着をもつ者だけが残った。

第二に、大陸において、『中国人意識』が形成されたのは、中華民国樹立以降のことであったのに対して、台湾の人たちは、すでにその十数年前に日本の支配下に入っており、両者は共通の体験をもちえなかった。

第三に、台湾は工業化したが、中国地域は依然として農業社会にとどまっており、それにともなう生活様式の相違が、意識上の乖離をもたらせた。

第四に、植民地という一定の枠があるにせよ、台湾に『法と秩序』がもたらされたが、中国地域では同期間をとおして軍閥割拠に戦乱が加わり、統一国家が名実ともに成立したのは1950年代に入ってからである。（中略）

こうして日本時代に、『台湾人』としてのアイデンティティ（共同意識）が形成されていく。注意すべきことは、高砂族にも台湾人としての芽が育ちつつあったことである」

特に、交通網の建設については次のように高く評価している。

「道路整備とともに、台湾住民同士の交流を容易にし、村的規模の視野と意識とを、さらに広い地域へ、そして最終的には台湾全土の規模へと拡大してゆく台湾人としてのアイデンティティの形成に役立った。これは台湾総督府の意図するところではなかったが、看過しえない業績である」

それでは、現在の台湾人はどう評価しているのだろうか。「日本統治時代に敷設された台湾縦貫鉄道や幹線道路は台湾人としてのアイデンティティが生まれてくるのに役立ったと思いますか?」と聞いてみた。

謝恵芝さんは八田ダムを烏山頭ダムと呼ばせていたように国民党の捏造を指摘していた。

「台湾縦貫鉄道も幹線道路も教科書では国民党が作ったものだとなっていましたよ。その嘘がバレたのはおそらく陳水扁が総統になって教科書改正をしてからではないでしょうか?」

セデック族のルビ・ワリスさんは高く評価していた。

「台湾の近代化に大きく役に立ち、生活の向上にともないアイデンティティが生まれ育てられて行くのに役立ったと思う」

江永博さんは慎重に言葉を選んで答えてくれた。

「研究者の立場としては、これは『植民地近代』問題と関わっている。台湾の人々(特に富裕層)は『植民地近代』がもたらした結果を享受したが、それによって台湾人アイデンティティが生まれる(または役に立った)ことはないであろう。今までの研究によると、確かに台湾人アイデンティティは植民地時期に生まれたと言われるが、その大部分は政治活動(台湾議会請願運動など)との関わりからアプローチする。僕はそれとは別として、『文化』の側面からアプローチしようとしているが、博論はまだ執筆中である」

政治面での差別から目覚めた台湾人

総督府の植民地政策では、台湾人が異民族であることを前提にして、台湾人の旧来からの慣習や文化を尊重する一方、本国法令は必ずしも台湾人には適用されなかったものが多かった。例えば、政治面では、台湾人には参政権がなく、官吏への登用の道は多く閉ざされ、経済・教育などの面での差別も歴然とあった。しかし、このような差別支配こそ台湾人の「台湾人意識」を大いに刺激するものだった。

民族運動家の林献堂

総督府は、少しでも台湾人抵抗運動を和らげようと、土着意識の強い林献堂《りんけんどう》という22歳の人物を台中の霧峰《むほう》区長に任命した。1902年のことである。この人物は台中近郊霧峰の林家の中心人物で、一族併せて12万石の収入を擁する大地主である。漢学にも詳しく、のちに台湾市民運動の代表的人物となる男だ。

早速、林献堂は動いた。彼は台湾市民運動について教えを受けるため、当時奈良で日本亡命中であった大陸の啓蒙思想家である梁啓超《りょうけいちょう》と会った。そして「最も良い方法は、日本本土の政界トップ層とのパイプをつくることによって、台湾総督府を牽制することができ、その分台湾人への圧迫を和らげることができる」と示唆ある言葉をもらったのだ。

そこで、林献堂は東京に自由民権運動で知られる板垣退助を訪ね、総督府の圧政について訴え、訪台を要請した。「東亜民族の大同団結」が持論である板垣は、早速訪台し、群衆の前で台湾論を披歴した。

「今回の訪台は、台湾の実情を視察し、本島人と内地人との関係を詳しく調べ、十分同化の実を上げることが目的である」

これを聞いた台湾文化人グループの板垣に対する期待は高まった。

帰国後、板垣は大隈重信首相に「日本人と台湾人との間に、経済・教育・行政などについてかなりの差別があるようだが、台湾統治の根本は唯一に同化主義にある」と平等社会を主張し、「台湾同化会」の設立を唱えると、大隈首相もこれに賛成したのだ。総督府は不満であったが、やむを得ず認めたのである。

板垣と林献堂の間で具体策が詰められて、教育の機会均等や「63法」の撤廃をスローガンとする「台湾同化会」の発会式が台北で盛大に行われ、総裁には板垣が就任、理事には林他多数の台湾文化人が就任した。正式会員は4000人を数えた。

63法とは「台湾総督はその管轄区域内に法律の効力を有する命令を発することができる」と定めた法律第63号のことである。差別支配を目的とした63法に反対する板垣に対して、総督府は「本島人を扇動してしきりに徴発的言辞を弄し……」と不快感を示した。

しかし、相手は明治維新の元勲であり、正面切って非難することができない。そこで、総督府は同化会経理の乱脈に捜査のメスを入れ、解散命令の処置をとった。発会式からわずか1ヶ月後のことであった。

しかし、同化会は、それと引き換えに、台湾人子弟を対象にした官立台中中学を創設し、教育についての主張は活かされることになった。これは台湾人の「合法運動」幕開けを告げるものであった。

1918年、上京した林献堂は、「63法」の撤廃を目的とした台湾人留学生の連絡団体「啓発会」を結成したが、やがて発展的解消となり、「新民会」として再発足した。これが台湾人の政治・文化活動の母体となる。

彼らは、日本本国と切り離して、台湾独自の「台湾議会」の設置を要求した。これは大きな反響を呼んだ。法律は日本本土帝国議会が立法するが、台湾に関する立法は台湾議会が行うと主張したのである。

今まで行ってきた同化主義と63法撤廃運動は、台湾人の権利義務を日本人と同じようにすることだから、それが実現された暁には、台湾人の独自性が失われ大和民族化されてしまうということになる。そこで、台湾及び台湾人の独自性を保存していこうと考えたのが、台湾議会設置である。

この運動の請願書が第44回帝国議会に提出されたが、上京中であった田《でん》総督が新民会の幹部と会見し「内地を離れたる自治体と為すことを認めるがごときは絶対に容認せず」と反対の意向を伝えた。総督府側から見れば、立法権と予算審議権を持つ台湾議会の設置を許せば、台湾が独立ともいうべき自治体になってしまうことを恐れたのである。

審議結果は不採決であったが、これが台湾の一大世論を形成するまでになり、その後、請願書は昭和9年まで15回にわたり提出された。いずれも、否決され台湾議会は実現しなかったが、新民会のこの運動が台湾人の目を覚まさせることになったことは事実である。

教育面での差別から目覚めた台湾人

１９１８年代になると、第一次世界大戦も終結し、世界的に民族自決の潮流が流れ始めていて、台湾にもそれが波及することは明らかであった。

台湾総督は第６代安東貞美《あんどうさだよし》から第７代明石元二郎《あかしもとじろう》に交代した。この交代は国際的変化をいち早くとらえた人選だった。その明石総督は、赴任早々、同化主義を施政方針に掲げるほど、情勢は変わりナショナリズムの昂揚期となっていた。

明石が制度化した台湾教育令は革命的であった。日本人と台湾人が均等に教育を受けられるよう法を改正して台湾人にも帝国大学進学への道を開いたことだ。

これが後の台湾の発展に大きな力となった。

もっとも、明石にしてみれば、この世界の流れを見逃すことなく、同化政策を進めれば、台湾の人的資源を大いに活用できるとの思惑もあった。そこで、日本の南進基地としての台湾の資質を高めるために、発令されたのが、１９１９年の「台湾教育令」であった。

この令によって、日本人子弟用の教育機関に並行して台湾人子弟用のものが次々と開校し、新たな教育機関が整った。台北師範学校、台南師範学校、台北工業学校、台北女子高等普通学校、台中商業学校、農林専門学校をはじめ多くの学校が開設された。総督府が同化会の解散命令と引き換えに、台湾人子弟を対象として創設した官立台中中学は台中高等普通学校に改組された。だが、この「台湾教育令」による学校は、日本人専用と台湾人専用が別々に存在する変則的なものだった。

そこで、明石総督の後を継いだ田総督は「新教育令」を発令し、これを是正した。その内容は、初等教育では日本籍の児童は小学校に、台湾籍の児童は公学校に入学するが、中学校以上は日本人と台湾人が一緒に学ぶ日台共学制度が実施された。1928年には台北帝国大学（現在の台湾大学）も創設された。入学試験においても日本人と台湾人は同じ試験で選抜することにした。もちろん、使われる用語は日本語であったのだが、国史などの学科によっては、これがかえって差別を助長することになった。その上、多くの学校が日本内地でも入学試験を実施、内地学生の取り入れを積極的に行っていた。

このような植民地教育制度は、台湾人から見れば、「差別教育」であったと非難されていたが、この教育普及は台湾人が目を覚ます機会になった。

現在でも、世界で台湾ほど国公私立の教育機関の整った国は多くないと言われているが、黄昭堂は、その教育制度についてこう評価している。

「昭和19年には台湾人の国民学校就学率は71・31パーセントに達し」「もっとも特筆に値するのは教育施設の躍進」

しかしながら、多くの矛盾も含まれていたと指摘している。

「台北帝大は農・医学部をのぞけば、ほとんど日本本国人子弟専用の感があり、台北高等学校ですらそうであった。多くの台湾人学生は台湾での高等教育が受けられずに『内地留学』を余儀なくされた」

ここで、「ご両親、あるいは知り合いから教育上の差別を受けたと聞いたことがありますか？」「それによって、台湾人として目覚めましたか？」と台湾人に聞いてみた。

江永博さんは次のように答えてくれた。

「祖父母の世代の話になると思う。両親から聞いた話によると、教育を受けられるという点は平等だが、漢民族か日本人かによって学校が異なるという『区別』があった。また、勉強できる科目も限られ、医学と芸術は総督府側が推奨していた学科で、それに対して政治と法律の学科がない。実際、先行研究も公学校・小学校、そして内地と比べて、大学における学科は制限されていたことなどが差別として指摘されていて、両親の話と一致している。

一方、比較対象にもよるのではないかと思うところもある。清国領有時期と比べれば、少なくとも学校制度などの近代的教育制度が導入された。もちろん、それもまた植民地近代によってもたらされた産物ではある。

また、祖父は普通の農家の出身にもかかわらず、総督府の医師免許を取り、開業医にもなったため、生活自体は少し余裕があった。努力し、資格さえ持っていれば、ちゃんとした生活ができるという側面もあるのではないかと思う。

そこで、やはり安定した生活さえあればいいか、政治権力を求めようとして政治活動をするかどうかによって、植民地の体験はまったく異なるであろう。さらに、差別によって台湾人として目覚めたというより、むしろ高等教育を受けた一部の知識人は当時言われた二等国民の立ち位置を是正しようとしていた。

そのために色んな政治活動も行われた、ただし、たとえ台湾議会請願運動としても、その中の『台湾意識』は国家レベルのアイデンティティではなく、地方レベルのアイデンティティということを強調したい。なぜなら、植民地朝鮮と違って、台湾議会請願運動の道を選んだ台湾はむしろ、帝国日本の植民地支配を受け入れたとも言えるからだ」

地方レベルとはいえ、台湾意識の萌芽はあったと言えるのではないだろうか。

精糖工場と糖業鐵道

経済面での差別から目覚めた台湾人

サトウキビの生産増加に伴い、砂糖の近代化と大規模化が図られ、１９００年に近代的な台湾製糖株式会社製糖工場が建設された。これで、台湾製糖業界は一新する。この年３万トンであった生産量は、１９０５年に６万トン、１９３７年には１００万トンとなり、砂糖生産国としての基盤がつくられた。台湾の中心産業となったのだが、その成長発展の影に台湾人の苦難があった。

黄昭堂は、製糖業で台湾人が得ることができたものは極めて限定的であったと言っている。

「台湾の製糖業は、明治35年の３万トンから、児玉・後藤時代の終わりには６万トンに倍増し、昭和12年に

100万トンを突破、太平洋戦争中には最高160万トンの砂糖を生産する能力を持つにいたった。これは作付面積の拡張、蔗苗の改良、新式工場による精糖技術の向上によるものであり、後藤の功績であるが、結果的に台湾人の享受できたのは、製糖会社の下級職員もしくは蔗作を生業とするのみであった」

1924年頃になると、三井、三菱系を中心に50社近くの製糖会社が操業を開始、活況を呈していたものの、乱立状態に近かった。そこで、総督府は競合を避けるため、製糖各社のサトウキビ採取区域を指定したのである。これによって、製糖会社は、その区域内ではサトウキビの買い付け価格、肥料売買も自由に決めることができた。

このとき、台湾農民運動の歴史的第一歩となる「二林事件」が起きたのだ。

台中州二林に「林本源製糖《りんほんげん》」という会社があった。名が示すように社長は台湾人の林熊徴《りんゆうちょう》で、土着会社と思えるが、実は台湾総督府の息がかかった製糖会社である。役員には総督府または台湾銀行より派遣された日本人がいた。

現地のサトウキビ農家は、この会社からいつも買いたたかれていたので、文化協会の指導を受けて農民400余人で構成する組合を結成、「肥料を自由に購買する」「測量時に農民が立会する」「価格決定には農民も参加」を林本源側に求めたのだが、一切拒否された。

交渉に応じようとしない林本源側は、突如、価格が決まっていないのに、人夫30人を雇い入れ刈り取りを始めたのだ。実力阻止しようとする組合員と林本源側の双方でもみあいになり、警官隊が派遣された。この騒擾《そうじょう》事件で93人の農民が拘束され、25人が有罪となり、６ヶ月～８ヶ月の禁固刑となった。

この事件は、文化協会が発行する「台湾民報」で「今回の事件は、初めて台湾農民運動を一歩前進させた」と大々的に報じられ、台湾農民の目を大いに覚まさせることになった。そして、これで覚醒した台湾農民は、全島統一の農民組合「台湾農民組合」を結成した。これを機に、１９２３年から１９２９年までの７年間で、サトウキビに関する争議は25件にものぼった。

さて、日本統治時代を振り返ってみると、拡大する台湾市民運動や台湾農民運動などを通して、台湾人としての共同意識であるアイデンティティの兆しが生まれてきたのだが、それは漢族系人にとっての祖国に誕生したばかりの「中華民国」の存在を強く意識していたもので、「台湾」は「中華民国」という枠組みの中でとらえられていた。

一方で、日本の50年間に及んだ統治の結果、台湾社会には「日本人」意識をもつ島民も増えていた。終戦になると、結局、台湾は、「中華民国志向の台湾人」「日本志向の台湾人」「台湾志向の台湾人」と三者が入り乱れ、バラバラの状態になってしまったのだ。

なお、これを機に台湾の独立を叫んだ一群もあった。彼らは、総督府に武器を引き渡すよう求めたが、安東総督はこれに応じなかった。台湾独立の声は幻に終わった。


ここで、台湾人に「ご両親、あるいは知り合いから、製糖業界で差別を受けたことを聞いたことがありますか?」「差別を受けたことで、かえって台湾人として目覚めたと言っていましたか?」と聞いてみた。江永博さんは次のように答えてくれた。

「実際製糖業界と関わった人は多分ごく一部の人に過ぎないと思う。両親に話を聞いてみると製糖業界と関係がないが、植民地時期の経済政策はやはり本国本位というイメージが非常に強かった。一番いいものは必ず本国に持っていかれた。そういう意味では、台湾はやはり植民地だと父が言った。

ただし、日本は一方的に略奪しただけではなく、計画的に管理していた。例えば、林業の場合に伐採がひどかったが、その代わり木もたくさん植えたという。それ故に、台湾は確かに近代化建設されたが、植民地という事実は否めない。しかし、植民地を自覚できたとはいえ、それ以上の『目覚め』のレベルには至らなかったであろう」

第3章　国民党の支配と民主化への道

共産党に敗れた蒋介石が台湾に逃亡

1937年7月盧溝橋《ろこうきょう》事件から始まった日中戦争は、日本軍と蒋介石率いる国民党の中華民国軍との戦争という構図である。蒋介石は日本軍と戦うために毛沢東率いる共産党と第二次国共合作を成立させたが、これが十分に機能しないまま決裂してしまい、日本軍は同年12月に「中華民国」の首都南京を陥落させた。

それでも国民党は拠点を変えながら移動し、日本軍の追撃から免れた。日本軍は打開策として南京に「国民政府」を樹立させ中華民国の「重慶政府」と対抗させようと目論んだが、「重慶政府」はアメリカの巨額な支援を受け、国共合作のもと日本軍に激しく抵抗を続けた。

ところで、なぜ、中華民国はアメリカから支援を受けられたかというと、蒋介石の妻である宋美齢《そうびれい》がいたからだ。

蒋介石は日中戦争が始まると、留学の経験がある宋美齢夫人をアメリカに送り込み、政権や議会やマスコミに対して、「中華民国支援」の世論を築き上げていった。美しいチャイナドレス姿の宋美齢は、その容姿と語学力でアメリカ世論を魅了し、中華民国贔屓《びいき》とすることに成功したのだ。

そして、中華民国が台湾に対する主権を主張する根拠となった「カイロ宣言」（１９４３年）の会談においてアメリカのルーズベルト大統領は、英語がまったくだめで何を考えているのかさっぱりわからない蒋介石に困惑していた。その上、大陸に派遣した将校から蒋介石が無能で、政権そのものが腐敗しきっていることを知らされていたから、中華民国にどう対応したらよいか迷っていた。そのルーズベルトに決断を促したのが蒋介石の通訳を務めた宋美齢の魅力だった。

カイロ会談。前列右から、宋美齢、チャーチル、ルーズベルト、蒋介石

結局、１９４５年8月14日、米・英・中華民国によるポツダム宣言を日本が受諾通告したことにより日中の争いも終わりを迎えた。

第二次世界大戦が終わって1年も経たないうちに中国大陸は再び国民党と共産党による内戦状態に入っていくが、国民党の形勢は悪く、台湾への移転に向けて本格的に準備を進めていった。

そして、玉音放送の2週間後、重慶にいた蒋介石は、台湾領有は既定の事実として「中華民国台湾省」の組織を政府内に設け、「台湾」の行政長官に福建省主席の陳儀《ちんぎ》を任命した。

中華民国軍約1万2000人と官吏約2000人は、1945年10月25日に行われる「中国戦区台湾地区降伏式」に参列するため、米軍の護衛を受けながら米第7艦隊に分乗し基隆港に上陸し、台北に行進した。

台湾人たちは、不安の中にも「中華民国」への期待をふくらませていた。

台湾の民衆は、基隆でも台北でも爆竹を鳴らし、青天白日旗の小旗を振り、歓声を上げながら勝者の祖国の軍隊を出迎えた。だが、長くは続かなった。

「兵士が銃ではなく鍋釜を提げている！　兵士といっても草履履きではないか！　裸足のものもいる！　鶏籠を天秤棒で担いだものもいる！　しかも話しながらだらだらと歩いている！」

こんな姿を見ていると、威風堂々と行進する日本軍の軍隊とはまったく違うことに気付き、民衆の歓声は消えた。爆竹もやんだ。

そのうえ、祖国軍がやってきてから、町中の治安は乱れに乱れた。商店からは品物が奪われるし、兵士による婦女暴行や強盗事件も頻発していた。しかし、台湾人は陳儀が来てくれれば何とかしてくれるだろうと甘い期待感を抱いていた。

その陳儀も「中国戦区台湾地区降伏式」に参列するため、前日に中華民国側代表として芸者出身の日本人妻を伴い米軍機で台北に入った。日本側代表は台湾総督府の安東総督、台湾住民代表は林献堂らが出席した。

陳儀は式典が終わると、ラジオ放送で「今日よりすべての土地・住民は中華民国国民政府の主権下に置かれる」と一方的に宣言した。明治の日本が台湾を統治したときに台湾住民に対して、２年間の猶予付きで国籍選択の自由を与えたやり方とは大きく異なっていた。

それでも、台湾人の多くはこれで祖国復帰できると熱烈歓迎したが、希望はやがて失望に変わることとなる。この日から台湾人の国籍は「中華民国」となった。台湾人を「内省人」と呼び、大陸から新たに渡来してきた中国人を「外省人」と呼ぶようになった。

初代台湾省行政長官・陳儀

語られることがなかった二・二八事件

台北駅前にある「二二八和平公園」は、私が台湾に駐在していたときには聞いたことがなかった名前だ。

それもそのはずで、当時の名称は「台北新公園」といった。1996年2月28日、陳水扁が台北市長時代に二・二八事件で犠牲になった台湾住民を追悼する「二二八和平紀念碑」を建立し、公園の名称を「二二八和平紀念公園」に改めたのである。

いったい、二・二八事件とはどういう事件なのか？ この事件に関して、私は台湾を訪れた2010年に印象に残る経験をした。

公園の奥にある台北二二八紀念館の前にあるテーブルの上には多くの資料が載せられていた。私がその資料に何気なく目を向けていると、そばのコーヒーショップから女性店員さんが出てきて、わざわざ日本語で説明してくれた。

彼女は「この資料は、いままで公開できなかった国民党の残虐さを示す証拠ですよ」と言いながら当時の事件を伝える新聞の写しのページを示してくれた。そこには、二・二八事件の原因は「官吏と軍人の無規律、横暴、貪欲」であると指摘し、国民党政権を批判する記事が載っていた。

悲惨な二・二八事件は、高雄でもあったと駐在時代の仲間である劉さんが教えてくれた。事件が展示されている「高雄市立歴史博物館」には国民党軍団が寿山方面から攻めて、台湾人を襲撃する様子がシミュレーターで再現されていた。

このとき、私は国民党の残虐性の一端を知ることになった。

この事件は、１９４７年2月28日に起こったことから「二・二八事件」と呼ばれている。しかし、１９９2年に言論の自由が認められるまで事件に関する一切は公開されなかった。

陳儀は福建省の主席時代には省内を汚職まみれにした札付きのアジア型政治のボスであった。陳儀は台湾にきて2年の間に台湾を私物化し、搾取できるものはすべて懐に入れた。それは中国における過去の王朝軍の行為と何ら異なることはなかった。

そのような横行が続く最中の１９４７年2月27日、事件は起こる。きっかけは些細なことだった。官憲によるタバコ売りの一女性への暴行から、自然発生的に民衆の抗議デモが起こり、それに対して官憲が発砲して死者を出した。

これに反対する暴動が膨れ上がり、翌28日、民衆は二二八公園にある放送局を占拠して全島に決起を呼びかけた。この放送局が、現在台北二二八紀念館として利用されている建物である。

3月1日には暴動デモが台湾全土に波及した。台北市では民意代表からなる「事件の調査委員会」が結成され、陳儀長官との交渉で「二・二八事件処理委員会」の設置が承諾された。そして、陳儀とのさらなる交渉を経て、この委員会は6日に「この事件を通じて、我々の目標は貪官汚吏の一掃と、台湾の政治改革の実現であり、決して外省人の排斥ではなく、むしろ外省人の政治改革への参加を歓迎する」と表明した。翌7日には「処理大綱」が採択され、放送で全島に知らされた。

ところが、陳儀は事件処理委員会と交渉し、その要

台湾省専売局台北分局前に詰めかけた群衆

求を受け入れるような態度を見せながら、7日まで時間稼ぎをしていたのである。

翌8日には国民党政権の増援部隊が基隆《キールン》港と高雄港から上陸し、台湾はたちまちのうちに生き地獄と化した。援軍が上陸すると同時に、政府は凄惨な報復に転じたのである。

台湾全島が動揺した。軍は人民を制圧し、無差別に検挙し、多くの場合銃殺された。裁判官・医師・役人など、日本統治時代に高等教育を受けたエリート層が次々と逮捕・投獄・拷問され、多くは殺害された。その数は約2万8000人にものぼるとされる。当時学生であった李登輝も秘密警察に狙われた。

当時の弾圧の様子を描いた版画

この二・二八事件に端を発する国民党の殺戮と鎮圧は、当時の国際社会から激しい批判を浴びている。特に、国共内戦で支援を受けていた米国からの抗議を受け、蒋介石は陳儀を免職し、南京に召還した。その後、陳儀は1950年に中国共産党と通じたとして反逆罪で逮捕され、翌年に処刑された。

蒋介石は陳儀を更迭したあと、台湾に戒厳令を敷くための手を打っていた。

蒋介石の腹心の部下で、台湾省政府主席に任命された陳誠《ちんせい》将軍は、蒋介石の長男の蒋経国、次男の蒋緯国と共に台湾に移動した。１９４９年2月には台湾各地の港と河口を封鎖、海岸線も管制下におき、許可証を持たない軍人や官吏、商人などの台湾上陸を厳しく制限し中国から押し寄せる難民の流入に歯止めをかけた。

こうして確実に体制を整えながら、5月1日に一斉に戸籍調査を行い、5月20日にとうとう戒厳令が敷かれることになったのである。

中国大陸を失いながらも自らをまだ「中国正統政府」と思い込む国民党政権は、「大陸奪還」の目標を掲げ「大陸奪還のための臨戦態勢」という名目で戒厳令を敷いたのであった。この戒厳令とは、普通の法律を停止し、すべての民間人も軍の規則と命令に従わせるものである。

こうして十分な準備をしてから、蒋介石は１９４９年12月、南京・北京の故宮博物院で厳選の上没収した財宝を積み込んで、軍艦とともに台湾に乗り込んできた。

この際に発令された戒厳令は38年後の１９８７年まで解除されることはなく、解除された後も国家安全法によって言論の自由が制限された。約40年の間、台湾の人々が事件を語ることは禁じられたのだった。

しかし、１９８８年に李登輝が台湾人として初の総統に就任すると、ようやく本格的な民主化時代が到来し、二・二八事件について語ることが公に認められた。今日の民主化が実現したのは、1992年に李登輝総統が刑法の改正を行い、言論の自由が認められてからのことである。

二・二八事件以降、台湾人は、中華民国という国家から襲われる危険に怯えていた。そのため「中華民国志向の台湾人」は大幅に減退し、いわゆる「外省人」を中国人と呼ぶようになった。代わって「日本志向の台湾人」が盛り返してきた。「台湾志向の台湾人」も祖国志向の対立概念としての日本志向を内在していたが、相対的には日本志向が強くなった。

しかし、「台湾志向の台湾人」と「日本志向の台湾人」の両者に、我々は台湾人だというアイデンティティが生まれていた。それは中国に対抗する台湾アイデンティティである。つまり、二・二八事件の影響で、台湾人の台湾独立思想が大きく芽生えたのだ。

だが、国民党は、秘密警察を使い、この台湾独立思想の監視と摘発にも乗り出していた。

私がこの二・二八事件を知ったのは、日本に帰国して、李登輝が総統になってからであった。当時高雄に駐在していた仲間の「高雄懇親会」が毎年開催されているが、彼らも、駐在時代には、何も知らなかったと言っている。

そこで、「二・二八事件について、何か知っていることがありますか？」と台湾人に取材したところ、次のような話があった。

台湾人でセデック族のルビ・ワリスさんはこの事件のことを知っていた。

「両親は二・二八事件を知らない。長い間、二・二八事件について台湾国内では、公表されず、握り潰されていた。それでも、一般の人々は知識人ほどどこかに連れていかれて、帰ってこない程度のこと」

台湾人留学生の江永博さんは次のように答えた。

「当時、中壢地方の名望家の呉氏一族のリーダーが二・二八事件で帰らぬ人になったと聞いたことがある」

また、江さんの友人の劉さんも回答を寄せてくれた。

「母側の祖父は当時学校の先生で、政治に関心がある知識人だが、二・二八事件のときに連れていかれて、1週間ほど監禁された。その後、釈放されたが、ひどい虐待を受け、ひどく痩せて帰ってきたそうだ」

最後に、日本在住の台湾人ジャーナリストである謝恵芝さんは次のように激しく語った。

「二・二八事件は日本に来てから知りました。台湾にいた頃（20歳まで）二・二八事件なんて聞いたこともなければ、もちろん教科書に載っていないし、親も親戚も知人などの口から聞いたことがありません。李登輝総統から陳水扁総統の在任中、台湾は民主化の道を進み、インターネットも普及し始めた頃で、少しずつ台湾の歴史のベールが剥がれました。私個人も少しずつ国民党の洗脳から覚め、20年間も嘘の教育をされてきたことを悔しく思うし、台湾とはなんの関係もない中華民国亡命政権に『軒先を貸して母屋を取られる』ことを知り、悲しく、そして憎みました」

李登輝総統が、刑法の改正を行うまで、二・二八事件について語るのは禁止されていたのだから知らない家庭も多くあったようだが、それでも、秘密警察に漏れないようにひそひそと伝えられていた家庭もあったということだ。

「私も台湾人である」と宣言した蔣経国総統

ある夜、テレビで台湾ニュースを見ていると、蔣介石の長男である蔣経国と外国人の妻の映像が流れていた。その妻とは、蔣経国がソ連共産党への留学時代にソ連で結婚したロシア人のファイナである。

共産党嫌いの蔣介石は、蔣経国が留学から戻るとすぐに中国の古典を勉強させて、結婚式も中国式でやり直させている。息子の中にある共産党を洗い落とすためであった。

蒋介石が1975年に亡くなると、その直後に開催された国民党中央委員会の臨時会議で、「党最高の領導は主席とし、総裁は蒋のために永遠のものとして保留し、他の者が踏襲してはならない」というように党規が改正された。これにより蒋経国が主席に推挙されたのだが、蒋経国は国民向けの声明で、蒋一族による世襲を否定し、「私も台湾人である」と宣言した。国民党の期待とは裏腹に、台湾民主化の口火を切った最初の総統となったのである。

蒋介石の後継の座を狙っていた1人に、彼の妻である宋美齢がいた。彼女はたびたび「私が台湾である」と公言していたが、蒋経国の声明によってこの思惑は脆くも崩れ、引退を強いられることとなった。


台湾時代の蒋経国は、父・蒋介石のもとでは秘密警察を担当し父の私物を守る仕事をしており、彼は国家をも私物化する「国民党」への風当たりが強いことをよく知っていた。総統になって3年目の蒋経国は、高雄事件ともいわれる美麗島《びれいとう》事件に遭遇した。1979年の12月に、高雄市で世界人権デーが開催された折、雑誌「美麗島」主催のデモ隊と警察が衝突して流血騒ぎとなった。主催者が逮捕投獄され、言論が弾圧されたのである。この事件は民主化に大きな影響を与え、今日の議会民主主義を築く出発点となった。このとき、逮捕された被告弁護団に加わったのが陳水扁であった。

そこで、蔣経国は、台湾民主化を進める1つの布石として、副総統に内省人の李登輝を起用することを考えていた。まず1981年に李登輝を台湾省主席に任命し、その3年後に副総統候補に推薦した。選挙の結果、李登輝は晴れて副総統に就任した。

しかし、この時期は、蔣経国の登場により台湾が民主化に向かっていると見せておきながら、国民党による秘密警察政治が公然と行われるという矛盾を孕んでいたときである。それを象徴する2つの事件が明るみに出た。

蔣介石の息子・蔣経国

アメリカのカーネギーメロン大学の助教授である陳文成博士は、アメリカで国民党政権をたびたび批判していた。1981年7月、台湾に一時帰国した陳博士は警備総司令部に呼び出されたまま帰宅せず、翌日、台湾大学構内で遺体で発見された。遺体には数々の暴行の跡があり在外台湾人批判者に対する見せしめともいわれている。

さらに、1984年10月、アメリカ国籍を持つ作家・江南が、国民党政権の内幕を暴露する『蒋経国伝』の出版をめぐって、国防軍軍事情報局が派遣した台湾のヤクザ組織により、サンフランシスコ郊外の自宅で殺害された。これは蒋経国の次男である蒋孝武の命令だったことが判明し、国民党政権は江南の未亡人に慰謝料を支払い和解した。

このような、政権批判者に対する国民党の抑圧は米国市民の憤りを惹起し、親台湾派といわれるレーガン大統領は台湾の民主化を推進するよう国民党政権に圧力をかけた。

2人の尊い犠牲によって台湾民主化推進の契機を得たことで、1986年9月の野党・民主進歩党（民進党）の結党容認や1987年7月の戒厳令の解除につながり、後述するように1988年、蒋経国亡きあと李登輝が総統に就任し、今日の民主化をもたらすことになる。

なお、結成された民進党は、台湾独立運動の党として、綱領に「台湾の住民自決」を掲げた。

ここで、台湾人に「あなたのご両親あるいは知人で秘密警察に追われた辛い体験をお持ちの方はいますか?」と聞いたところ、セデック族のルビ・ワリスさんは次のように答えた。

「父が秘密警察に連れていかれたことがある。1週間程度拉致されて、色々と尋問されたようだが、父は政治について何も知らず、よって家に帰された」

台湾人留学生の江さんはこう答えた。

「自分の母親は学校の先生をしていたが、その教え子の一人に民進党の熱狂的信者がいた。教え子は新台湾ドルのデザインに対して批判的であった。種類の違うお札がみんな見た目が同じように見えるから、使い勝手が悪いと批判した。いろんなところで自分の考えを大々的に表現する。そのために、調べられたが、その後は普通に検察官になって、定年退職し、現在は弁護士事務所を経営している」

日本在住の台湾人ジャーナリストの謝恵芝さんの回答はこうだ。

「私の家族や親戚は大した被害はなく、どうにか無事にやってきたと思います。とにかく、家族の集まりでも何でも、政治については何事についても聞いたことがありません。皆が黙っていました（事実でも国民党が宣伝している嘘でも）」

家庭内でも秘密警察を警戒し、政治や国民党について話すことはタブーであったのだ。

さらに、「国民党政権下で台湾人として差別を受け、官吏への登用の道も閉ざされ、悔しい思いをしたことがありますか？」と謝恵芝さんに尋ねてみた。

「当時は外省人（国民党人）がほとんどリーダー役についていて、台湾人はよっぽどのコネが無い限りは絶対に官僚になれません。これはきっと暗黙の了解で、悔しく思っていても、どうしようもありません」

「差別を受けたことで、かえって台湾人として目覚めたと言っていましたか?」

「差別を受けて、仕方がないと諦める人もいれば、差別を受けないように、国民党の走狗になる人もいます。あるいは、台湾人だと主張して、戦っている人たちもいます。それは今のいわゆる台湾独立派の人たちですね」

謝恵芝さんはそう語ったが、ご自身は台湾人として目覚めた台湾独立派の有力なメンバーである。私は続けて質問をした。

「国民党政権下で教育上の差別を受けたと聞いたことがありますか?」

「聞かなくても、それは絶対あるということを確信しています。私の年代でさえ、学校の先生（勿論ほとんど外省人）は露骨に外省人生徒を贔屓します。色んな意味で差別はあります。今でも何らかの形であると思います」

外省人による差別があったことを教えてくれた。

民主化への道を切り開いた李登輝総統

1984年、蒋経国が総統になったとき副総統に李登輝を指名したのは、決して彼を後継者に選んだからではなかった。台湾人口の86％を占める台湾人（内省人）に対する配慮として決断したものにすぎない。つまり、「飾り物」の副総統であった。

公には李登輝の「真面目で誠実」な人柄が認められたということだが、蒋経国から見れば、野心的でなく安全度が高いから指名されたとも囁かれている。

しかし、1988年1月13日に蒋経国総統の突然の死が報じられると、憲法の規定に従い李登輝が総統に昇格した。傀儡総統にしようと策を練っていた宋美齢は彼の党主席就任に反対していたが、内省人勢力の台頭がめざましく、党主席にも選出された。

李登輝は、代理総統の期間を終え、1990年3月に行われた総統選挙で正式に総統に選出されると、その翌年、「動員戡乱《かんらん》時期臨時条款」を廃止した。

これは内戦における反乱団体・中国共産党を平定するまでの間、この条款によって憲法本文が凍結され、戒厳態勢に置くことを示すものだったが、これを廃止したことによって「内戦は終結した」とされる。つまり、台湾の非常事態体制は解除されたのだ。初めて中華民国憲法を改正したのである。

次いで、1992年に刑法の改正を行い、言論の自由が認められた。これにより、言論段階でも「思想犯」や「陰謀罪」は成立しなくなった。

これ以来、李登輝政権によって様々な制度が改正されていく。1994年7月に開催された国民大会において、第9期総統より直接選挙を実施することが決定された。同時に総統の「1期4年・連続2期」の制限を付し独裁政権の発生を防止する規定を定め、その2年後に初めて行われた総統直接選挙で、李登輝は54％の得票率で当選した。

今度は行政改革を進めた。1997年に憲法を改正し、台湾省を凍結して台湾省政府は事実上廃止となった。

こうして次々と改革を断行し、台湾は民主国家への道を歩き始めた。台湾人が長い間待ち望んだ道であるが、これらの諸改革はとても常人のなせることではない。

しかし、2000年の総統選挙では後継者に連戦《れんせん》を立てて戦うが、国民党を離党した宋が立候補したことで国民党投票が分裂したこともあり、民主進歩党（民進党）の陳水扁が当選して第10期中華民国総統に就任した。こうして平和的な政権移譲が実現したが、野党に転落した国民党内部からは党首辞任の要求があり、李登輝は2000年3月に主席を辞任した。12年に及んだ政権は幕を閉じた。

李登輝は、初めて行われた総統選挙で台湾の国民によって選ばれた総統である。これによって、「台湾は中国の一部ではない」ことが証明され、独立国家台湾の誕生を意味していた。

しかも、「中国を代表する唯一の正統政権」と自称して、「台湾は中国の一部」との理由で、台湾支配を正当化していた蒋介石と蒋経国が、亡くなったことで、「台湾は中国の一部」という根拠も消え失せたことになるが、残念ながら「台湾は中国の一部」とする中華民国憲法はまだ残っている。

これは、台湾にとっては悩ましい問題であるが、中国にとっては、正当化できる格好の口実となる。

もともと国際社会に対して、中国が押し付けている「一つの中国」は、中国が台湾にある中華民国を排除するために作り出したものであるから、憲法で「一つの中国」を否定しない中華民国が存在する限り、中国にとっては攻めやすい状況が続いているのだ。

これに対して、李登輝は総統を辞任する1年前に、「中国と台湾は特殊な国と国との関係」という「二国論」を発表し、台湾は台湾として生きていき、中国と台湾を区別するという路線に転換した。

そのためには、この憲法を廃止し、台湾独自の憲法を制定し、国名も「台湾」に改めなければならない。もちろん中国はこの状況に対して猛烈に反対し、李登輝は独立派の頭目だと警戒を強めた。

これについて、李登輝は辞任後、「中華民国はもう国際社会に存在していない。台湾は速やかに正名を定めるべき」との台湾正名運動を陳水扁総統と展開したのだが、国民党より反党行為であるとして党籍剥奪の処分を受けた。

その後は、台湾独立派と見られる民進党と関係を深め、2004年の総統選挙では陳水扁を応援した。しかし、次第に陳水扁を批判するようになり、民進党とも距離を置くようになる。その背景には、陳水扁が台湾独立を急ぐあまり、台中関係や対米関係まで悪化させたことがあると見られている。

2008年の総統選挙では民進党候補の支持を表明したが、馬英九が当選すると協力する意向を示した。

2001年4月に初来日が実現した李登輝元総統は、2005年に発刊された司馬遼太郎の『台湾紀行』の中で、自身と司馬遼太郎の対談である「場所の悲哀」を掲げ、「台湾人として生まれ、台湾のために何もできない悲哀がかつてありました」と述べている。この言葉の中には、「これからの台湾の方針は台湾人が決める」とする意気込みが汲み取れるのである。そして、「昔流に台湾の人民を統治するという考えでは、また、二・二八事件が起こりますよ」と北京を牽制している。「台湾が独立すると言うと、必ず攻めて叩く、そういう類の話は絶えない」と中国を非難している。

更に「つい最近まで、小中学校では古代の中国の歴史を覚えさせていたが、無駄だと思う。今は台湾の歴史、自分たちのルーツなどを取り入れているが、もっと入れろ」と言っている。

ここで、台湾人に「台湾人としての悲哀は何でしょうか?」そして「学校時代、中国の歴史を学びましたか?」と聞いてみた。

日本在住の台湾人ジャーナリストの謝恵芝さんはこう答えた。

「それは、私個人にとって大きく三つあります。まず『國』を持っていないことです。世界中から台湾が國として認められていないことです。それからいまだに亡命政権に植民されていることです。民進党に政権交代したとはいえ、今まで通り中華民国体制なので、国民党よりはましと言っても、私達独立建国派の台湾人にとっては不満がいっぱいです。三つめは大体半数の洗練された台湾人（統一派）が半数の台湾人（独立派）と対立し、憎み合っていることです。一つの目標に団結できない最大の原因です」

また、当時の歴史教育について次のように語ってくれた。

「習ったのは中国の歴史だけです。ちなみに地理も中国全土だけ。中国に行ったこともないのに。台湾の歴史は一切ありません。台湾の地理も一切知らなかった。どの県がどこにあるのかも。あっても蒋介石一族の『偉業』だらけで、北朝鮮を笑っていられないです」

セデック族のルビ・ワリスさんの回答は次の通りだ。

「国民党が大陸で戦いに敗れ、不幸にも台湾に逃げ込んできたこと。そのために、台湾人が台湾人としての尊厳が損なわれている現状こそ悲しみである。歴史については、正しい歴史は学びませんでした。今、考えると、うそばかりの教科書で学びました」

台湾人留学生の江永博さんはこう語った。

「台湾人として別に悲哀があるとは思わないが、何もかもすぐに政治問題化されるところは現在の台湾の悲哀だと思う」、学校時代の歴史教科については「国史を学んだが、戦後の現代史については分量が比較的少なかった。また、戦前の台湾の歴史についてはほぼ触れなかった」

と言っていた。

現在では、李登輝が「台湾の歴史、自分たちのルーツなどを取り入れているが、もっと入れろ」と言っていたことが実現しつつあるようである。

正名運動を推進した陳水扁総統

陳水扁が政界に進出する契機となったのは、前述の美麗島事件の被告弁護団に参加し、反中国国民党運動に従事するようになってからであった。

そして、１９９４年、初めての台北市長選挙に立候補した陳水扁は、国民党票が割れたこともあり、市長に当選したのだが、その翌年には、今まで国民党政権が行ってきた「光復節《こうふくせつ》」の記念集会の標語に「光復」をやめて、「落地生根《ドロオアフアンケン》、終戦50周年」に置き換えた。いかにも、台湾志向の台湾人である陳水扁らしい改革であった。

「光復」とは台湾が祖国中国に戻ることによって、光が甦ったことを意味しているが、これを先祖以来大陸から台湾に渡ってきて、ここがわが故郷なのだという意味の「落地生根」に代えたのである。

この記念集会には、国民党政権の李登輝総統も出席した。これは、「中国からの訣別」を宣言していることになる。

そして、台北の治水事業を行う一方、台北市内の正名《せいめい》運動も実行していた。

しかし、2期目では国民党の馬英九候補に敗れた。市長落選後の陳水扁は、外国歴訪に出発し、充電の旅を始め、帰国後も台湾島内を訪問し、地盤づくりに努めた。

満を持して、2000年の総統選挙に陳水扁は立候補したのだが、国民党の李登輝総統の次期候補擁立で一本化できず分裂選挙となったため、彼自身の得票率は39・3%に過ぎなかったものの、幸いにも当選できた。陳水扁は、台湾住民による直接選挙で選ばれた2人目の中華民国総統で、民進党としては初めての総統である。しかも、国民党政権が台湾を占領して以来、国民党による一党独裁体制に初めて終止符が打たれた画期的な出来事であった。

陳水扁総統は、戦後の国民党による反日教育で育った世代であり、日本に対してどのような考えを持っているのか、日本では心配されていた。しかし、前政権の李登輝時代の政策を継承し、行政や政策を実行するに当たって日本に意識的に接近し学ぼうとした。日本も台湾からのアプローチに対して精一杯対応し、日台間交流の環境が整っていった。

陳水扁と李登輝は、台湾の正名運動に対し積極的な姿勢を見せた。

運動が巻き起こる以前の１９９６年、当時台北市長を務めていた陳水扁はすでに、蒋介石の長寿を祈願する「介寿路」を「凱達格蘭《ケタガラン》大道」に、「光復」を「終戦」に訂正した「正名」の実績を作っている。

また、２００３年8月に台湾で開かれた正名運動の15万人決起集会において、李登輝元総統は台湾の建国運動を一気に加速させる次のような発言をしている。

「中華民国はすでに存在しない。台湾人が推進しなければならないのは『正名』と『制憲』なのだ。中華民国体制の下で国名を改正して新しい憲法をつくり、中華民国を終結させることはまず不可能だ。だから、国家の主権者たる国民の投票で実現するのが現実的だ」

正名運動を推進した陳水扁

陳総統も「台湾中国、一辺一国」すなわち、台湾と中国はまったく別の国家であることを掲げ、公民投票を訴えた。その直後の

2003年11月、陳総統の発意による、念願の公民投票法案が国会で成立し、これによって台湾の独立への道が開かれたかに思えた。

だが、「台湾が独立を宣言することがあれば軍事力を行使する」と脅している中国と台湾の関係が緊張することを望まない、アメリカのブッシュ政権はこれを嫌った。その背景には、中国と「国際テロリズムに対する戦い」のパートナー協定を締結したことに加えて、中国の巨大市場に幻惑され、すり寄り始めていたことがあるようだ。

それゆえにブッシュ政権は「台湾が大陸から攻撃を受けた場合には台湾を守るが、台湾が独立した場合には防衛しない」ことを明らかにし、2004年3月の選挙で陳総統が再選を果たすと、「(陳政権が) 何をするのか、わからない」と不信感を深めていた。

そんなアメリカの意向に反して、台湾独立への気運はさらに高まっていく。陳水扁総統は2期目 (2004~2008年) に入ると、台湾の玄関口である「中正国際空港」を「桃園国際空港」に改め、蔣介石の頭部が乗った児玉源太郎の銅像を撤去するなど、台湾正名政策を加速度的に進めた。さらに、中華郵便を台湾郵便に、中国造船は台湾国際造船に、中国や中華がつく名称を捨てて、台湾に改めるという正名運動が盛んになった。

しかし、結局アメリカに背を向けられたために、台湾独立を求める勢いはしぼんでしまったのである。陳政権は陳総統夫人が公金を流用してダイヤモンドを買ったというスキャンダルもあって、支持率が低下したために２００８年３月の総選挙で国民党・馬英九に敗れた。

中国に傾斜した馬英九総統に反旗を翻した台湾人

２００８年３月、台湾独立を掲げる民進党に代わって、国民党の馬英九が総統選に勝利した。8年ぶりの政権奪回である。アメリカが「台湾独立」にノーと言ったために、民進党への票は国民党に逃げた。

親中政策を採った馬英九
©Office of the President, Republic of China

これ以来、台湾人の多くは現状維持を求めるようになり、馬政権が「統一せず、独立せず、武力を用いず」のスローガンを掲げると、民進党は「台湾独立」を綱領から消したのだ。

馬英九は総統就任以来、親中的な政策をとり、中国への経済依存度も高まっていた。

一方、馬総統は、親日的とも反日的ともとれる政策を次から次へと繰り出した。民進党政権時代の日本事務会を廃止する一方で、亜東関係協会会長に李登輝元総統の側近を登用した。また、江国民党副主席に知日派の議員を率いて訪日させ、「馬総統は反日ではなく、急激な対中傾斜を目指してはいない。馬政権の3つのスローガン〝統一せず、独立せず、武力行使せず〟は中国との和解が統一へと直結するわけではない」ことを説明させた。

では、そのように態度を頻繁に変える馬政権を、台湾人はどう見ているのだろうか？

馬政権の支持率は、2010年初頭で30％と発表された。選挙で得票率58％という数字を出していたことを考えると、支持率は下降の一途を辿った。

その理由について、私の駐在時代のゴルフ仲間で高雄出身の郭さんに聞いたことがある。次のように語っていた。

「馬政権になってから、大陸との経済交流は確かに盛んになり順調でしたよ。自分もそのお陰で、数年間アモイで仕事ができました。中国にすり寄り、成果を挙げたかったのがよくわかります。でも、いつの間にか決まった両岸経済協力枠組協定（ECFA）は台湾ではまったく知らされていなく皆不信感を抱いていますよ。しかも、中国の方ばかり向いているんだ。

台湾人を理解しようという努力が見えないし、アメリカや日本との対話もしていないなあ」

このように馬政権に対して批判的であった。

当時は馬政権が発足してまだ2年という段階だった。台湾の任期は1期4年なので、折り返し地点に入り、そろそろ次の選挙を意識しなければならないときがきていた。

そんな折、２０１１年5月8日に行われた八田與一紀念園区の開園式は馬政権にとって好機であった。その日は内省人に慕われる八田の命日でもあったので、その場に参加することは馬総統にとっては絶好の票田稼ぎとなる。

結果、馬総統は再選を果たし、すでに2期目の後半に入っていた。

ところが、馬総統は大きくつまずいた。

２０１４年3月17日に、台湾で「サービス貿易協定」の批准を巡り、３００名以上の学生デモ参加者が立法院を占拠する事態が発生した。これは台湾憲政史上初めてのことで、日本の新聞、テレビでも大きく取り上げられた。私も、馬政権が中国に対する融和政策を採っていることは知っていたが、「サービス貿易協定」の詳細については知らなかった。

報道の中で、学生デモリーダー・林飛帆《りんひはん》は、「サービス貿易協定の審議過程が民主的でない」

学生デモのリーダー・林飛帆
©Artemas Liu

と言い、また美容師であるという参加者は「大陸の美容院が低価格で進出してきたら、台湾の業界はたちまち倒産してしまう」と訴えていた。

そもそも、この「サービス貿易協定」は、2013年に上海にて中国と台湾の間で調印締結された両岸経済協力枠組協定（ECFA）に基づいて推進されたもので、これによってサービス貿易の業務の制度化を図り、中国側が金融や医療など80分野を、台湾側が運輸や美容などの64分野を開放する協定だ。

馬政権は、この協定を「秘密交渉」として進め、交渉妥結後、馬総統が署名してから国民に公開したので大変な騒ぎになったのである。馬政権は民主主義の手続きを無視したというわけだ。

立法院占拠の打開策として、立法院の王金平院長は学生の要求に応じ「両岸協議監督条例」が法制化されるまで、サービス貿易協定の審議を行わないと約束した。学生側にも議場から撤退するよう呼び掛け、学生側も「この段階での任務を達成した」として立法院から退去した。
結局、サービス貿易協定は「ひまわり学生運動」が功を奏し、発効されていない。

立法院を占拠する学生たち　©MrWiki321

この運動には、天然独《ティエンランドゥ》（生まれながらの独立派）と呼ばれる勢力が大勢参加した。天然独とは、台湾の中央研究院の呉叡人によれば、「台湾以外にアイデンティティを感じられない若い人々」ということだ。

特に、理論はないようで、気負いもなく、「台湾は独立している。あるいは独立するべきである。なぜって台湾は台湾だからだ」と単刀直入に独立を語っている。昔の「台湾独立」には当然のように暗いイメージがつきまとっていたが、とにかく明るいのだ。

それでは、台湾の青年世代は独立についてどう思っているのか、調査データを見てみよう。

台湾の「中央研究院社会学研究所　中国効果研究チー

ム」が2014年に行った「独立支持について」の調査によれば、50歳以上では41％、35～49歳では46％、20～34歳では56％と若くなるにつれて増えている。全体の平均では46％であるが、とにかく青年世代の過半数は独立派なのである。これは馬政権が対中接近策をとったことも大きく影響しているだろう。

また、台湾の機関による世論調査（2014年2月実施）では、中台の統一に向かうことに反対する回答が64％と、統一に賛成する回答の19・5％を大幅に上回った。馬総統の支持率は2014年7月にはとうとう2桁を切ってしまった。

しかし、馬総統は任期がもう1年半弱しか残っていないのに、今度は「抗日戦争記念館」と「慰安婦歴史展示館」の建設に意欲を示し、「反日」で支持率回復にチャレンジしようとしていた。だが、時はすでに遅しという感であった。台湾有権者が抱く「北京政府寄り」の国民党馬政権に対する目は厳しく、2014年末に行われた統一地方選挙で国民党は惨敗した。台湾有権者は2008年から6年間続く馬英九政権に「ノー」を突き付けたのだ。この選挙結果で、馬英九総統は責任をとり、権力の源泉である国民党主席を辞任せざるを得なかった。

これに伴い、馬政権が2016年までの残り任期中に新政策を立案推進することは困難となり、「ポスト馬」時代が1年半早く前倒しとなり到来した。

早速、各党とも次の総統選を目指し、国民党は朱立倫《しゅりつりん》主席を次期総統候補に立てることにした。

一方、民進党は蔡英文を党主席に選出し、２０１５年2月次期総統選候補者に選んだ。ところが、中国側は、苦戦する国民党を応援するために、そして蔡英文政権が誕生した後に影響力を及ぼすために、馬総統が希望していた中台トップ会談に踏み切ったのだ。

２０１５年11月7日、中国・習近平国家主席と馬英九総統はシンガポールで会談を行った。この中で馬英九は「92年コンセンサス」とはつまり「一つの中国」原則のことだと国際社会に対し認めてしまったのである。

「92年コンセンサス」とは１９９２年に、中台の交流機関の間で合意されたものである。中国は「一つの中国」の原則を口頭で確認した合意と解釈し、台湾は「一つの中国の中身についてそれぞれが中華民国と中国と述べあうことで合意した」としている。中華人民共和国側は「双方とも『一つの中国』を堅持する」としているのに対して、台湾側は「双方とも『一つの中国』は堅持しつつ、その意味の解釈は各自で異なることを認める」と言っており、認識は一致していない。

これは文書に残されているものではなく、李登輝や陳水扁はそのような合意はなかったと否定している。それを馬英九が認めたことは台湾有権者の反発を招くことになった。

結局、2016年1月の総統選では、台湾が中国に飲み込まれるとの不安が一気に広がり、国民党の朱立倫は、対中関係により慎重でアメリカが望む現状維持派の民進党・蔡英文に300万票以上の大差をつけられ、大敗したのだ。

現状維持を訴え総統に就任した蔡英文

民進党が8年ぶりに政権を奪回できたのは、4年前の総統選で惜敗した悔しさをバネに準備万端の手を打ってきたからだ。特に国民との対話をするために全国行脚に出かけた蔡英文が、そのとき、圧倒的に多かった「台湾人が安心して眠れる国が欲しい」という声を追い風にしたからである。

そのためには、少なくとも何をすべきなのか、蔡英文は知っていた。

かつて、陳総統が「台湾独立」を突然言い出してアメリカの不興を買ったことがあった。そのとき、ブッシュ大統領は「台湾が大陸から攻撃を受けた場合には台湾を守るが、台湾が独立した場合には防衛しない」と「台湾独立」に釘を刺した。その際に総統に派遣され釈明のために訪米した蔡英文は台湾とアメリカが結ばれている生命線は「台湾関係法」であると強く認識した。

そこで、民進党は党規に「台湾はすでに独立した」と明記したうえで、両岸間に不測の事態を発生させないように処理することを公式に約束した「継続的な現状維持」を政策の主柱にした。そして、蔡英文を党主席に選出し、２０１５年2月次期総統選候補者に選んだのだ。

だが、その直後、習近平国家主席は、「92年合意を堅持しなければ、中台関係は地が動き、山が揺れる」と民進党を強く牽制した。これに対して、蔡英文は「険しい山や屈折の多い道であっても、波平らかで静穏な関係を築く」と平和を守る誓いの言葉で冷静に応じ、恫喝を繰り返す中国に対しては、むしろ感情に走ることなく理性的に諭している。

現在の台湾総統・蔡英文

満を持して、蔡英文は次期総統候補に選出された直後の２０１５年6月にアメリカのホワイトハウスを訪れ、「政権獲得後には、両岸間に不測の事態を発生させないように『継続的な現状維持』を党の方針としたこと、今後もアメリカと意見交換を重ね相互信頼関係を深めていく」という強いメッセージを伝え、これをアメリカとの約束とした。

一方、2015年9月にオバマ大統領は訪米した中国の習近平国家主席との会談で、「台湾関係法」を基礎とする「一つの中国」政策に基づいて台湾との信頼関係を守ると述べたのに対して、習近平は両岸問題に関しては一言も発言しなかった。蔡英文総統候補をはじめ民進党首脳は、ひとまず安堵した。

しかし、その直後に中国国務院は「92年合意がなければ、平和発展の船は大波に遭い、ひいては転覆するだろう」と恫喝し、蔡英文総統候補をまた強く牽制したのだ。

そのうえ、任期残り少ない馬英九総統までがシンガポールでの習近平国家主席との会談で、「92年コンセンサス」とはつまり「一つの中国」という原則のことだと国際社会に認めてしまったのである。中国のこのような強権的なやり方が台湾有権者の支持を得られるわけがない。

結局、2016年1月の総統選では、「両岸（中台）関係の現状維持」を主張した蔡英文が当選したのは前述の通りである。そして、中華民国総統に就任した。

このときも、中国寄りの国民党が敗れたことで、中国政府は「台湾はやがて火の海になる。

最後まで草一本まで残らなくても、絶対統一する」と恫喝を繰り広げていた。

しかし、蔡英文は中国側の要求である「一つの中国」には応じず、「台湾独立」の主張も封印し、曖昧にする戦略で乗り切った。無用な刺激を与えないためである。もちろん、中国に対しては「挑発せず、予想外の行動を取らない」方針で臨んでいる。


そして、2016年5月20日、蔡英文総統は台北市内の総統府前で就任演説を行った。

まず、感謝と受託と題して次のように語った。

「平和的な選挙を経て3回目の政権交代が実現した。各種の不確定要素を克服し、順調に4ヶ月の政権交代期を過ぎ、平和的な政権移行が完了したことに感謝いたします。

台湾は再び、民主的で自由な生活方式を強い信念で守ることを世界に告げた。人々が新総統、新政権に期待するのは『問題の解決』だ。台湾の状況は困難であり、国民同胞全員にこの国の未来を一緒に担うよう求める。国家は指導者によってではなく、国民全体の奮闘によって偉大になる。総統が団結させるべきは国家全体だ。団結は変化のためであり、この国が切実に期待するものだ。先入観と過去の対立を捨て、新時代の使命を成し遂げよう」

「困難の解決」から説き始めた蔡総統は、そのために、明日から、国民全員で一致団結してまた頑張ろうと国民に訴えた。

そして、若者について、次のように演説した。

「若者の未来は政府の責任だ。構造が変わらなければ、若者全体の境遇は良くならない。私は一歩ずつ、根本の構造からこの国の問題を解決する。若者の昇給を直ちに実現することはできないが、新政権が直ちに行動を開始することを約束する。若者の境遇を改善することは、国家の境遇を改善することだ。若者に未来がなければ、その国の未来もない。若者が苦境を突破することを助け、世代間の正義を実現し、より良い国を次の世代に引き継ぐことが、新政権の責任だ」

一方、両岸関係については、以下の方針を示した。

「両岸の対話と意思疎通では、現有のメカニズムの維持に努める。1992年、両岸の両会（双方の窓口機関）が相互理解と求同存異（共通点を求めて相違点を残す）という政治的な考え方を守って協議を行い、若干の共同の認知と了解に達した。私はこの歴史の事実を尊重する。92年以降、20余年の双方の交流と協議の積み重ねで形成された現状と成果を、両岸は共に大切にし、守るべきであり、この既存の事実と政治的基礎の上で、両岸関係の平和で安定した発展を推進し続けるべきだ。新政権は、中華民国憲法、両岸人民関係条例およびその他関連の法律に基づき、両岸の事務を処理する。両岸の２つの政権党は過去の重荷を下ろし、良性の対話を進め、両岸の人々に幸福をもたらすべきだ」

この演説内容から判断すれば、外交方針としては、中国の言う「92年合意」つまり「一つの中国」は認めず、現状維持政策をとっていくということだ。

かくして、蔡政権は発足以来、対中関係では「現状維持」を掲げる一方、内政改革を優先し、その目玉として「労働基本法改正」「公務員の年金改革」「同性婚を認める婚姻平等法案」を打ち出そうとした。

天然独はこれからの台湾の鍵を握るか？

清新さをアピールした蔡政権の支持率は誕生直後には7割近くになった。しかし、その後4割台で推移し、２０１７年8月には29・８％に下降してしまった（いずれも「台湾民意基金会」の調査結果による）。内政と台中政策の停滞が響いて支持率が低迷しているのである。

それでは、２０１８年1月末に「台湾民意基金会」が発表した世論調査結果を見てみよう。「台湾民意基金会」は、民進党系の学者が多い世論研究組織だから、公平性に問題があるのでないかと思われがちであるが、意外と冷静に分析評価している。

それによると、蔡政権の施政に「賛成」は31・7％、「不賛成」は47％であった。支持率が低迷している背景には、中途半端な内政改革が民進党の支持基盤だった青年層や労働者の離反を招いたことにあると言われている。

蔡政権への不満は高いようだが、かといって野党・国民党に支持が集まっているわけでもないようだ。中国に反発する台湾の人も多いことも確かだ。

次に、「ひまわり学生運動」で活躍した天然独と呼ばれる20～24歳の青年層は、蔡政権をどう評価しているかについて調査した結果がある。

それによると、まず「両岸政策」については、満足が31％しかなく、不満はその倍の約60％であった。では、何が不満なのかと問えば、「軟弱すぎる」が29・8％、「強硬すぎる」が23・3％と、二分して溝があることがわかる。蔡政権への信認度が低い要因となっている。

そして、「内政政策」に対しては、賛成は30％と少なく、50％強が反対しているのである。

蔡政権成立時に期待を集めた政策は、「若者の就職改善」「低い給与の引き上げ」などであった。しかし、2年経っても、若者の就職はいまだ難しいし、増えていない。給与も増えていないなどと不満の声が上がっている。このような背景に加え、中国が台湾人を高額の賃金で勧誘しているから、20～39歳の青年層の約3割が中国大陸での就職を希望しているという。天然独の青年層も、馬政権のときは台中融和政策に反対し民進党復帰の原動力となったのだが、実利優先の志向がうかがえる。

ここで、「天然独は新しい台湾の鍵を握っていると思いますが、天然独をどう思いますか」と、台湾人に生の声を聞いてみた。

学生時代に中国の歴史を学ばされた王紹英さん（在日台湾同郷会会長）はあまり期待していない様子だった。

「天然独はそれほど自分の意志を堅持できるような世代ではなさそうな若者でした。台湾を動かしていくのは別の意識の集団になるのではないかと何となく感じています」

日本駐在の台湾人ジャーナリストである謝恵芝さんは次のように答えた。

「わかりません。『天然独』でもそれぞれの学校、家庭の教育や環境によって違いがでてくると思います。中華民国の旗を振る人も少なくありません。あらためて芯のある、信念のある、真実に基づく教育が必要と思います（何代も続く国民党の長年の洗脳から解き放すためにも）」

必ずしも天然独が台湾の鍵を握っているとは思っておらず、むしろ再教育の必要性を説いていた。

台湾人留学生の江永博さんは次の回答だった。

「天然独世代は生まれてから、台湾のことを独立している国と認識している。それゆえに、天然独世代イコール独立派と思われがちだが、実際は必ずしもそうではない。1つの証拠として、独立派の元老の1人として認識されている林濁水さん曰く、蔡英文政府が成立してから2年経ったが、独立支持率の割合が逆に下がった。理由として取り上げられたのは与党の政策に対する満足度の低さと支持率の低下で、そのため台湾アイデンティティも国勢の不振とともに堕ちてしまい、台湾人としての自信・自負がなくなってしまった。換言すれば、新しい世代にとって、台湾アイデンティティは安定な生活が維持できるという前提があるのではないかと思われる」

中国との経済交流が盛んであった馬英九時代よりも経済環境が悪化していることを指摘していた。

江さんの友人である劉さんは、大陸とは経済交流が盛んになることだけを願っているようであった。

「自分も天然独と認識している。生活のために大陸に行くことに対して抵抗がないが、だからといって中国を認め、中国人になりたいということはない。自分はあくまでも大陸で生活する台湾人だ」

天然独もやはり、生活が保障され、よりよい生活レベルを求めていることがわかる。若者のための内政政策における不満は、結局は両岸政策が強硬すぎることにあると考えているようである。

このような天然独の不満を意識してか、蔡総統は、「92年合意の精神を尊重する。92年に両岸（中台）は若干の共通の認識と了解に達した」と表明した。表現上だけであろうが、中国に譲歩する姿勢を示しながら、その一方で「いかなる圧力も両岸関係の安定を破壊する」と牽制もしている。

台湾人は中台関係についてどう思っているのか調査データを見てみよう。

この調査データは「台湾民主基金会」が台湾国立政治大学に委託して実施したもので、ボイス・オブ・アメリカ（ＶＯＡ）が２０１８年４月５日に発表したものである。

中台関係「独立支持か、統一を希望するか、現状維持か」についての質問では、20代は「独立支持」が26・1%、「統一希望」が7・5%、「現状維持」が64・9%。30代は「独立支持」が21・7%、「統一希望」12・5%、「現状維持」が65・8%。39歳以下で「独立支持」が23・5%、「統一希望」が10・4%、「現状維持」が65・5%。40歳以上では「独立支持」が14・7%、「統一希望」が20・1%、「現状維持」が59・3%だった。各年代とも、「現状維持」が60%前後と多かったが、39歳以下になるとその割合は大きくなる。また、「独立支持」の割合も増えることから、「天然独」の傾向が表れているとも言えるだろう。自らを「中国人」ではなく「台湾人」と考える「天然独（生まれながらの独立派）」と呼ばれる若者が増えている実態がこの調査からもうかがえる。

ここで、台湾人に、支持するのは「現状維持」あるいは「独立」、また「一国二制度」のうち、どちらですか、と聞いてみた。

まず、王紹英（在日台湾同郷会会長）さんは積極的に独立運動に身を投じる意気込みを語っていた。

「台湾人の悲哀は、台湾人がいまだ自分の手で国をつくれないことです。李登輝元総統が司馬遼太郎に言った有名な言葉ですね。しかし、見方を変えれば、今の台湾人が新しい国家をつくる歴史的な機会に恵まれていると言えます。建国運動に関われることは最高の幸せと考えられませんか」

日本駐在の台湾人ジャーナリストの独立建国派の謝恵芝さんは次のように答えた。

「『現状維持』は死を待つのと同じ、何もしなければ何もできません。『一国二制度』という選択があるのは台湾人をバカにしているんですね！　もっとも在台中国人なら喜んで選ぶでしょうけれど！」

民進党の現状維持策に対して、もっともっと前に出てほしいと注文をつけた。

一方、台湾人留学生の江永博さんは少し見解が違っていた。

「現在の行政院長の話によると、台湾はすでに独立している国であり、その名は中華民国なので、もう一度『独立』する必要がない。わざわざ中華人民共和国の配下に入る必要もないと思う。この考えは現状維持であるが、それは馬英九時代の現状維持で、現在の蔡総統が主張している現状維持ではない」

同じ現状維持でも、中国との経済交流が縮んでいる現在の蔡政権のやり方には賛成しかねると語っていた。

さらに、「中華民国にとって、解決しなければならないのは、独立問題というより、中国との関係である。飲み込まれず、従属せず、いかに中国と平和かつウイン・ウインの関係を保つかという課題である」と中国とは対等な外交関係を望んでいた。

しかし、いざ独立というときに備える自分の心構えについては、次のように語った。

「中華民国という国名・憲法・制度を捨てて、台湾国を作りたかったら、口だけではなく、実際に頑張っていただきたい。その場合は、独立ではなく、建国になるであろうが、全部一から作り直すのは非常に大変な作業であるし、建国宣言したら、中国は100パーセント攻めてくるので、それを覚悟した上で台湾国を作ろうとしたら、心より応援する」

また、江さんの友人である同姓の江さんは蔡政権には大変不満を持っているようであった。

「現状維持だと台湾がだめになる。現状突破のために、だめもとで台湾国として独立するというのは苦肉の策だが、運が良ければ成功する。失敗しても中国の一部になるだけで、現状よりましだ」

そしてリーダーシップの欠如を嘆いていた。

「政党政治で互いに足を引っ張り合って、どんな政党でも自分の利益しか考えていない。フィリピンのようなワンマン的統治でもいいから、国のために頑張ってくれる人物が現れてほしい」

そして台湾独立とは違う独立を主張した。

「現状維持は最終的に現状を維持できない。中華民国の名で独立すべきだ」

ところで、台湾人が独立か現状維持かを決める背景には、アイデンティティが大いに影響すると思われるので、ここで、台湾人のアイデンティティの意識はどうなっているか、世論調査を見てみよう。

まず、２０１６年3月14日に発表された、台湾「聯合報」の世論調査では、「自分は何人か」との問いに、「自分は台湾人」と考える人が、この20年間で最高の73％に上った。１９９６年は44％、２００６年は55％だった。

一方、「台湾人であり中国人でもある」が10％、「台湾人とは中国人のことだ」が1％、「中国人」が11％で、この３つを合わせると22％となった。

また、２０１７年4月21日に発表された民進党系のシンクタンク・新台湾国策智庫の世論調査では、「中国人か台湾人か」の二者択一の問いに対して、自分は「中国人」と答えた人が10・6％と、1年前に比べ3・7ポイント増え、「台湾人」と答えた人は0・5ポイント減の83・5％だった。なお、2015年3月には「台湾人」と答えた人が90・6％と、過去3年間で最も高かった。

台湾の成功大の蒙志成准教授は「中国が青年交流の強化や、就職・起業支援などの対台湾政策を積極的に進めていることと関係があるのではないか」と指摘した。

ここで、台湾人に「ご自身のアイデンティティは、台湾人である、中国人である、台湾人でもあり中国人でもある、どちらか？」と尋ねてみた。

台湾人留学生の江永博さんの回答。

「自分にとって両者は衝突しないものだが、何もかも政治問題化されてしまう現在では、外国の方に聞かれたら、台湾人であり中華民国人でもあると答えると思う」

セデック族のルビ・ワリスさんの回答はこうだ。

「台湾人である。私は民族に誇りを持っております」

そして独立建国派で台湾人ジャーナリストの謝恵芝さんも同様だった。

「台湾人です。台湾にいながら少しでも中国人と思うなら、どうぞ中国に帰っていただきたい」

2人とともに台湾人であることに誇りを持ち、台湾独立運動にも積極的である。

このように、台湾人の声を聞いてみると、自分は台湾人であると誇りを持っている人ほど、両岸政策については「独立志向」の傾向が強いことがわかる。

ところで、江永博さんと取材内容の打ち合せをしたときに、彼は台湾についていろいろと話をしてくれた。ひとつは、台湾国シールについての話だ。

最近、台湾人がパスポートの「中華民国」の箇所に、「台湾国」のシールを貼り、日本に入管しようとしたところ、剥がさなければ入国できないと注意され、やむなく剥がしたという。独立したがっている人は、まるでゲームのように、無邪気にやっているのだ

そして、台湾人が海外で何か事故のあったとき、国は台湾人を守ってくれるのか、という素朴な疑問を感じたという。それは、2018年9月の台風21号による浸水被害があった関西空港での話だ。

中国大使館は足止めされた大勢の中国人観光客のために、バスをチャーターしたのだが、それを見た3人ぐらいの台湾人が、「乗ってもいいですか」と係員に聞くと、「いいですよ。自分が中国人であると思えば乗っていいですよ」と言われたという。台湾人はそう思ったかどうかはわからないが、黙って乗ったそうだ。ここには、台湾領事館が手配した車はなかっ

たということだ。

彼は、公務員が国民のための仕事をしているんですかということを言いたかったのだろう。

実際に台湾人が海外に行ったときには、江さんが指摘するように母国が台湾であるがための苦労は計り知れないほどあるということである。

追い込まれつつある蔡政権

前述の「台湾民意基金会」の世論調査の中で、両岸政策について「軟弱すぎる」という不満が30％もあったことは、支持率が下降している蔡英文総統にとっては気がかりだった。そこで、2018年の11月の統一地方選挙も意識して、「現状維持」政策は守りつつ、「台湾人意識」を強く打ち出すことによって、独立派に理解を求めた。

2018年6月、フランス通信社AFPの取材を受けて、台湾の直面する諸問題について、次のように語った。

「中国は最近、台湾海峡の現状に影響を与える、より攻撃的な行動をとるようになっている。そう感じているのは台湾人だけではない。中国の行動は、国際社会に、いかに中国が現状を変更しようとしているかを明確に印象付けている。

中国による台湾の主権への挑戦において台湾のボトムラインの第一は、我々の民主主義と自由だ。

第二に、台湾の主権は尊重されなければならない。第三に、台湾人は自らの将来を決定する権利を有しており、それは損なわれてはならない。

我々は、民主主義、経済、国を守る能力、我々が大切にしている価値を強化し続けなければならない。

これは台湾だけではなく、地域、そして世界全体にとっての課題だ。中国の影響力拡大に直面するのは、今日は台湾かもしれないが、明日は他の国かもしれない。我々は、中国を抑制し覇権的影響力の拡大を最小化するために、民主主義と自由の価値を再確認すべく協働する必要がある。

中国の習近平国家主席との会談については、相互主義、尊重に基づき、政治的前提条件なしということであれば、台湾の総統として中国の指導者と会談する用意がある。

過去数百年にわたり台湾は多くの課題と脅威を克服し、非常に強い民主主義と経済、それに安定した社会を構築した。全体として台湾人は、直面してきた課題のお陰で、明確なアイデンティティを作り上げてきた。これは我々の共通の記憶だ。それが、台湾人が台湾人と認識されることを選ぶ理由だ。

我々の共通の記憶、経験、価値が相まって、我々を台湾人たらしめている」

この背景には、92年合意に応じない蔡政権になってから、中国が台湾にさまざまな圧力を加えていることがある。まず、第一に、中国は台湾に対して台湾海峡での軍事演習で武力によって威嚇をしている。第二に、中国は台湾と国交のある国々に対し断交を迫るよう要求している。第三に、中国は台湾のWHOへのオブザーバー参加に対して妨害している。最後に、中国は台中で開催予定の国際スポーツ大会（東アジアユース競技大会）を中止にした。

このような圧力に対して、台湾は屈することはないと表明したのである。

つまり、中国は台湾海峡における「現状維持」を破壊しようとしている。中華思想に基づくその侵略的行動は、台湾人だけでなく、世界中の人々がそう感じていると指摘している。台湾の将来は２３００万人の台湾の住民たちが決定する権利を有していると明言している。「台湾人意識」について、これだけ踏み込んだ発言をしたことはなかった。

この内容から判断すれば、中国に対する基本的外交姿勢は「現状維持」という言葉では包み切れないほど「台湾独立」の方向に大きく傾いてきている。「独立派」ともとれる発言だ。しかし、「台湾の威信と主権」は守りながら、中国とは「平和な関係」を守っていきたいとも述べていた。

こうして、5ヶ月後に迫る統一地方選挙も意識して、独立派に理解を求めたものの、11月24日に投開票された統一地方選では、与党民進党が惨敗した。民進党は前回押さえた13県市のうち、高雄市のほか、台中市や彰化県、宜蘭県など6県市で敗北した。一方、前回6県市だった国民党は、倍増の15県市で勝利した。

蔡英文総統が力を入れてきた重要政策の1つである職業軍人や公務員、教職員を対象とした「公務員の年金改革」は7月1日に施行されたものの、他の公約は果たせず、惨敗となった。

惨敗の原因は、2つあるようだ。第一に、低賃金や労働条件を改善する「労働基本法改正」では、いったん制定されたものが、1年後に経済界寄りの法案に再改正された経緯がある。次に、総統選の際に支持を表明した「同性婚を認める婚姻平等法案」は、世論が割れていることを理由に結論を先送りにされた。

2つとも、青年層が期待した政策だけに、不満が一気に噴出したのだろう。

さらに、付け加えれば、馬政権時代に比べれば、蔡政権の下で台中関係が悪化するなか、中国との経済交流が一段としぼんだことも大いに影響している。

20年間、民進党の地盤であった高雄市長選挙では、従来の党のイメージと一線を画す、国民党候補の韓国瑜《かんこくゆ》氏が「中国から観光客を呼び込む」などと主張したことが、無党派層や青年層の共感を得たようだ。

この選挙結果について、台湾人留学生の江永博さんは手厳しい意見であった。

「特に注目すべきは民進党籍の市長が20年間続いてきた高雄市長選の結果です。国民党の韓国瑜という人物が約12万票の差で完勝しました。韓さんの選挙スローガンは、『もう政治闘争をやめよう、一緒に経済を発展させ、共に儲かろう』で、経済の改善を大々的にアピールしました。そして、投票の結果の通り、台湾の人々はもう何もかも政治問題化されることにうんざりしたと考えられます。

蔡政府の『党産会』（不当党産処理委員会）は国民党を再起できないよう、トドメを刺すための組織と思われ、移行期正義を実行するために作られた『促転会』（促進転型正義委員会）の委員は自ら当該組織を『東廠』（中国の明代に置かれた特務機関のこと）と称しました。また、台湾大学の委員会により選ばれた新しい校長に対して、政府が干渉し、着任させないことも取り上げられました。蔡政府の失政の1つです。

簡単に言うと、現在の民進党政府は国民の信頼を失ってしまいました。

これから総統選までの2年間、蔡総統にとっても与党の民進党にとっても今まで通りにはいかない状況になったと思います。民衆は何を求めているのか、きちんと考えないと2年後の総統選も厳しくなるでしょう」

結局、蔡英文総統は選挙当日夜に開いた記者会見で、総統は続投するものの、党主席を辞任する意向を明らかにして謝罪した。総統に就任してから、2年半の政権運営にノーを突き付けられたことになるが、残り2年弱の任期も厳しくなり、対中政策にも影響が出てくるだろう。

一方、国民党の呉敦義《ごとんぎ》主席は、記者団に対し、「両岸関係ができるだけ早く平和と安定を取り戻すよう望む」と述べ、中国との関係を改善する必要性を訴えた。

中国国務院台湾事務弁公室の馬暁光報道官は25日、「幅広い台湾民衆が両岸関係の平和的発展がもたらす『配当』を望み、経済と生活の改善を希望する願いが反映されたものだ」との談話を出した。その上で「台湾の多くの県や市が、両岸都市の交流に参加することを歓迎する」と呼びかけた。その3日後には、「既に高雄に団体客が向かっている。良い知らせの始まりだ」と述べ、経済的な優遇を図る考えを示した。台湾の地方都市との連携を強め、蔡政権を揺さぶっているのだ。

そして、「われわれは引き続き（『一つの中国』原則に基づく）1992年コンセンサスを堅持し、台独（台湾独立）勢力の活動に断固として反対」と強調した。

中国の声明は「一つの中国」原則を認めない蔡政権の対中姿勢が支持を得られなかったとする〝勝利宣言〟ともいえる声明であった。

第4章　台湾が独立する日

「一つの中国」というプロパガンダ

中国は何かにつけて、「一つの中国」と主張しているが、この厄介な「一つの中国」とは何だろうか？

台湾総統に就任してから半年後、蔡英文はアメリカの次期大統領ドナルド・トランプと、1979年の断交以来、初めて電話会談を行った。

その直後、トランプ次期大統領は「なぜ、アメリカ政府が1979年以来続けてきた『一つの中国』政策を続けなければならないのか。通商を含めていろいろなことについて中国と取引して合意しない限り、どうして『一つの中国』に縛られなければならないのか分からない」と台湾寄りの発言をした。

これに対して、中国から、「国際的に通念化している『一つの中国』論に疑義の余地はあるのか？」と激しく反発を受けた。結局アメリカは「中国本土と台湾は不可分だとする『一つの中国』の原則を尊重する」と先の発言を修正した。しかし、トランプ大統領は「一つの中国」とは何だと噛みついた最初のアメリカの大統領であった。

もともと、「一つの中国」という言葉の戦争を仕掛けたのは中国であった。

しかし、「台湾は中国の一部分である」とする「一つの中国」の考えは、そもそも中国社会にはなかったはずだ。第一に、１９３５年に日本の台湾総督府が開催した「始政40周年記念台湾博覧会」に、蒋介石は福建省主席の陳儀を派遣し祝辞を述べさせている。これは、統治を認めたのと同じことであった。第二に、毛沢東は１９３６年に、アメリカ人ジャーナリスト、エドガー・スノーに対して「朝鮮の独立を支援する意思があり、台湾も同じだ」という発言をしている。

日中戦争期間中でも、蒋介石、毛沢東は日本から台湾を分離することには賛成していたが、中国との統一については言及していなかった。

けれども、中国は、台湾の帰属について１９４３年に発表された「カイロ宣言」に目を付けた。そこには「日本は台湾及び膨湖諸島を中華民国に返還すること」と書かれているからだ。中国はこれを口実にして、「台湾は中国の一部分である」とする「一つの中国」論を立ち上げてきた。プロパガンダの絶好のネタが見つかったということである。

１９４９年に誕生した中華人民共和国（現在の中国）は、すでに国際連合に加盟していた中華民国（台湾）とともに「中国唯一の正統政府である」との立場を崩さなかった。そのうえ、台湾の領有権はすでに国共内戦で滅亡した中華民国から中華人民共和国が継承しているとして、「一つの中国」宣伝を正当化しているわけだ。

国連へ加盟したい中国が友好国アルバニアに「国際連合における中華人民共和国の合法的権利の取得」決議を提出させ採択された結果、加盟できたのが１９７１年のことだ。このとき、中華民国は国連を脱退した。

国連脱退の真相

中国の国連加盟と中華民国の国連脱退、その裏ではどのようなことが起こっていたのか。

中華民国は、当時、拒否権を持つ常任理事国だったから、拒否権を発動すれば、脱退しなくてもよかったはずである。そこで中国は、国連加盟にあたり、自国を支持する国々と綿密な策略を練り、周到な準備をして臨んだ。

拒否権が使えるのは、安保理のみであるため（国連憲章第27条3項）、この問題を安保理に中国の新規加盟（４条）や、中華民国の除名（６条）という問題にして提議すれば、安保理の勧告が必要となることに気付いた。そうなれば、中華民国もアメリカも拒否権を発動するはずだ。

そこで、拒否権が及ばない総会の場を利用しようと考えた。この問題を安保理の勧告が必要な加盟や除名の問題ではなく、中国代表権の移行という問題にしようとしたのだ。こうすれば、安保理に提議する必要性はなくなるので、総会での決定という手段を選んだのだ。総会の決定となれば、国連内部に対しては拘束力を持つため、中華民国政府は従わざるをえなかった。

結局、１９７１年10月25日の総会において、「中華人民共和国政府の権利を回復すること、中華人民共和国政府を唯一合法な政府であることを承認すること、中華民国政府を追い出すこと、を決定する」という決議が採択された。これによって、中華民国政府は、拒否権を行使することができない総会の場で、国連から追放されたのだ。アメリカ、日本は最後まで中華民国政府追放に反対したのだが、その他多くの国によって可決されてしまった。

このあたりから、中国は、台湾にある中華民国を排除するために、①「世界で中国はただ一つである」、②「台湾は中国の不可分の一部である」、そして③「中華人民共和国は中国を代表する唯一の合法政府である」という三段論法で、国際社会に対して、「一つの中国」原則の遵守を求める行動に出始めたのである。これに対して、1970年代、多くの国がこの原則を「承認」した。

日本は、1972年の「日中共同声明」で、③「中華人民共和国は中国を代表する唯一の合法政府である」については承認したが、②「台湾は中国の不可分の一部である」については中国の立場を「十分理解し尊重する」としているだけで承認していない。

またアメリカも、1978年の「米中共同声明」で、③については「recognize（承認）」、①と②については中国側の立場を「acknowledge（認知する）」としたが、やはり承認したわけではない。

日本もアメリカも「台湾は中国の不可分の一部である」とは認めていないのだ。

しかし、現在に至っては、中国は「中華民国に返還された台湾の回復こそ民族の歴史的使命」であるとまで言い切り、「未だ統一されていない状態にある台湾は中国の内政問題である」と定義している。

それを実行するために、中国には台湾問題を扱う「台湾事務弁公室」という機関がどの省にもある。

また、共産党には、「中国共産党中央対台湾工作領導小組」という、それらの行政やネットワークを統括するグループがある。現在そのトップは習近平国家主席である。中国は国を挙げて台湾問題に取り組んでいるということである。だから、チベット問題やウイグル問題と並行して台湾問題も、中国の「核心的利益」と言っているのだ。

では、なぜ中国は、国際法的に帰属が決まっていない「台湾」を「自国の領土だ」と主張しているのか？

それは清朝時代に割譲された台湾を取り戻すためである。特に、「中華民族の偉大なる復興」を唱える習近平が国家主席に就任してから、台湾への恫喝は際立って激しくなっている。

中国にしてみれば、特に屈辱的であったのは日清戦争での敗北であった。夷狄《いてき》の日本による侵略の結果、不当に奪われたものだと考えている。もちろん、日清講和条約は合法性の高いものだが、そうした姿勢からは、清朝の時代に列強に侵略されたことを決して忘れることなく、復讐を果たそうとする意思がうかがえる。香港がイギリスより返還されたとき、中国では「回収」（取り戻す）といって大いに喜んでいた。台湾にしても、清の時代に奪われたものを「回収」することによって敵討ちを狙っているのである。

中国はこれまでは台湾に対して国民党政権を相手に懐柔しやすかったのだが、２０１４年のひまわり学生運動の成功、そして天然独の誕生、さらに国民党に代わって民進党が政権を握ったことから、これまでの台湾政策を見直し始めた。

２０１７年３月に開幕した全国人民代表大会（全人代）では、トランプ新政権と独立志向の強い蔡英文政権の動きを警戒し、台湾政策を強化し始めたのである。

３月６日には、李克強《りこくきょう》首相は「『台湾独立』分裂活動に断固反対する。台湾を祖国から切り離そうとする者は決して許さない」と若年層に広がる独立論を強く牽制し、「もしも台湾が独立を主張したら、『反国家分裂法』（台湾への武力行使の法的根拠）によって、台湾への武力攻撃もあり得る」と軍事力の強さをアピールし恫喝したのだ。

このような中国でも、２０１７年４月に行われたトランプ大統領と習近平国家主席の首脳会談から、アメリカとただちに事を構える意思はないことがはっきりした。北朝鮮の締め上げに中国が協力する代わりに、台湾など核心的利益をアメリカに黙認してもらうことを中国は要求したかどうかは不明だが、台湾問題は出てこなかった。かといって、中国のことだから収まったわけではないだろう。むしろ「一つの中国」を受け入れるよう「言葉の戦争」は強まっている。

ところで、現在でも、台湾は中国の支配下にはないのが現実の姿である。だが、はじめにでも記した通り、中国は「一つの中国」を解決するために「一国二制度」というものを用意して、台湾に提案したことがあった。これは、香港とマカオですでに実施されているが、本来、この制度は台湾統一のために考え出されたものであった。

毛沢東時代には台湾を武力で「解放」することを目指していたが、鄧小平の時代になると、台湾の現状を尊重する「平和的統一・一国二制度」が登場した。この平和的統一路線は、江沢民、胡錦濤、そして、習近平まで引き継がれている。

この「平和的」という言葉の裏には、武力行使という言葉が隠されているが、「通商、通航、通便」の3通を進め平和統一を目指す姿勢を見せた。さらに、高度な自治権を与え、軍隊を有することも容認し、経済社会制度も変えなくてよいと提案してきた。

しかし、当時の台湾の蒋経国総統は「交渉せず、談判せず、妥協せず」の「三不政策」を掲げ、これを拒否した。現在でも、中国の提案してきた「一国二制度」については、台湾の国民は不信感を抱いている。

実際、香港では、トップである行政長官や議員の選出に、直接普通選挙が用いられることになっていたのだが、時間が経てば、すべて北京主導で決められて進んでいることがわかり、台湾はこれを信用していないのである。中国の甘い言葉を信用して、一国二制度を導入しても第二の香港になるばかりで、台湾がそれを受け入れることはないだろう。

台湾は中国のものではない、アメリカの保護領だ

アメリカも日本も、「台湾が中国の領土の不可分の一部であること」は認めていない。

それでは台湾の法的地位はどうなっているのだろうか、改めて整理しておきたい。

台湾の帰属について、1943年に発表された「カイロ宣言」がある。そこに「日本は台湾及び膨湖諸島を中華民国に返還すること」と書かれているのだ。

しかし、このカイロ宣言には問題がある。有効性に疑問がある点だ。会談に出席したチャーチル、ルーズベルト、蒋介石の3人の署名も日付もなく、その後の国の批准もない。陳水扁元総統は、「これは単なる声明に過ぎない」という考えを表明している。

そんなカイロ宣言の方針を継承したのが、敗戦時の日本が受託したポツダム宣言なのだが、

この宣言についても署名したのはトルーマンだけで、チャーチルは選挙で敗退、アメリカが支援していた蒋介石はポツダムに来ていなかった。蒋介石には無線で話しただけであるため、こちらもカイロ宣言と同様に、有効性に疑問が残る。

中国が「台湾は中国の領土の不可分の一部である」と主張しているが、カイロ宣言にしろ、ポツダム宣言にしろ、どちらも根拠として心許ないのだ。

確かに、その直後の1945年8月29日に重慶にいた蒋介石は、カイロ会談で返還されることになった「台湾」に先遣隊を派遣することを決め、陳儀を行政長官に任命していた。しかし、この中華民国による「台湾」の占領は、あくまでも終戦時の暫定的な処置にすぎないという見解なのである。

台湾は、中国のものでないとすれば、どこに帰属するのか。1951年にサンフランシスコ平和条約で日本が台湾の主権を放棄したことで、これ以来、台湾の国際的地位は未定となった。

そのうえ、翌年に締結された日本と中華民国との日華平和条約でも、放棄された台湾の主権がどこに移ったか明確な記述はない。このような過程を経て、台湾の法的地位問題が生じてしまった。

この件について、当時の各国はどのような反応だったのだろうか。

その後イギリスのチャーチル首相は、1955年に国会答弁で「カイロ宣言に基づいて中国が台湾に対する主権を有することには同意できない」と台湾を中国に引き渡すことに反対していた。日本の池田首相も1964年に国会で「台湾は法律的には中華民国のものではない」と述べ、中華民国の台湾に対する領土の所有権が未確定であることを強調している。

したがって、国際法的には台湾は、中華人民共和国の領土でも中華民国の領土でもないことになる。現在、中華民国が台湾を占領しているが、台湾に対する主権を主張することは本来できないのだ。

アメリカがこれについてどのように考えているのか。2007年に台湾であるニュースが報道された。国連事務局が突然、「台湾は中華人民共和国の一部である」と言い出したのである。これは、中国の圧力に屈した国連事務局の暴走であった。

アメリカ政府はこれに対して、「台湾は中華人民共和国の一部ではない」と正式な抗議文書を送った。これには、日本もカナダも賛成した。

だが、その直後、アメリカ国家安全保障会議（NSC）のデニス・ワイルダー（アジア上席部長）は記者会見を開き、なんと「台湾も中華民国も国ではない」と述べたのだ。つまり、台湾はアメリカの保護下にあるということになる。このような特殊な状況に加えて、忍び寄る中国の脅威は払しょくされていない。台湾はいまだに人々が安心して眠れる国ではないのだ。

アメリカの台湾政策

一方、アメリカがじわじわと台湾寄りの政策を実行していることは、台湾にとっては強いことだが、かといって、台湾の独立が保証されたわけではない。

アメリカではすでに「台湾旅行法」「国防授権法」等の法律が議決され、台湾に対する政策を実行するための準備は整っている。問題はアメリカがそれを忠実に実行するかどうかだが、これまでの動きから判断すれば、いざというときには「台湾を守る」というシグナルが次から次へと出ている。ただし、台湾が先に動かないことが大前提である。「台湾が勝手に独立しない」ことである。

「台湾旅行法」とは、アメリカ合衆国と台湾の高級官僚による相互訪問を促進する法律で、2018年3月に、トランプ大統領が署名したものである。また、「国防授権法」には、米海軍の艦船を高雄など台湾の港に定期的に寄港させ、米太平洋軍が台湾の入港や停泊の要請を受け入れること、「レッドフラッグ」と呼ばれるアメリカ空軍やアメリカの同盟国・友好国の空軍が参加する高度な空軍演習への台湾の招待、水中戦での攻撃能力向上を目指す台湾への技術支援などを含む、米国と台湾のさらなる関係強化を目指す7項目の国会意見が盛り込まれているという。２０１７年7月に下院で可決され、12月にトランプ大統領が署名したものである。

トランプ政権は以前から、台湾との関係強化を進めてきた。いままで中国に気を使い自主規制していた「台湾旅行法」を成立させたのも、米台高官の往来をしやすくするためのものである。その直後には、「台湾への米軍駐留」を提言している超タカ派のジョン・ボルトンを大統領補佐官（国家安全保障問題担当）に起用した。

このようなアメリカの動きに対して、中国軍は２０１８年4月に南シナ海で、空母「遼寧《りょうねい》」を含む艦艇や航空機による「史上最大規模」の演習を実施した他、台湾海峡では、陸軍航空隊所属の攻撃ヘリ部隊が実弾射撃訓練を強行した。このことは、中国が、台湾周辺や南シナ海で、示威的な軍事行動を活発化させ、「台湾統一」の野心を隠していないということだ。

アメリカからすれば、これを許せば、世界のシーレーンを、共産党独裁の中国が支配することになる。台湾は、米中双方の利害がぶつかる「発火点」として、戦略的重要性が高まってきたのである。

だからであろう、アメリカは6月12日、台北にあるＡＩＴ（在台湾アメリカ協会＝事実上の米国大使館に相当する）事務所の移転式典を行い、これを機会に、新事務所の警護のために米海兵隊員を台北に駐在させることを発表した。ということは、なんと、アメリカが中華民国と１９７９年に断交してから、初めて武装した米海兵隊警護官たちが台湾に駐留することとなったのだ。

この式典では、マリー・ロイス米国務次官補（教育・文化担当）が「21世紀の強固な米台パートナーシップの象徴だ」と語ったのに対して、台湾の蔡英文総統は、「（台湾は）自由で開放的な民主国家として、共通の価値観と利益を守るよう協力する義務がある」と、米国との「価値観同盟」をアピールし、「一つの中国」原則への対抗姿勢を打ち出した。

一方、中国はロイス氏が出席したことに反発した。中国外務省の耿爽《あきそう》副報道局長は「米国に間違ったやり方を正すよう促している」と記者会見で語り、傲慢な内政干渉ではないのかとクレームをつけた。

なお、ここで、注目しなければならないことは、この日に東京で、安倍晋三首相が「親中路線」を見直したマレーシアのマハティール・モハマド首相と会談したことだ。これは偶然だったのだろうか？

共同記者発表で、安倍首相は「インド太平洋地域を平和と繁栄のための国際公共財としていくことが重要だ」と強調し、マハティール氏は「南シナ海、マラッカ海峡を含む公海を自由で開かれたものにしなければならない」と足並みをそろえた。

「北朝鮮の非核化」だけでなく、南シナ海の岩礁を軍事拠点化している中国を念頭に、「海洋安全保障分野でも連携する方針」で一致したということである。

実はこれは、台湾やマレーシアへの関与を強め、世界の覇権を狙う中国と対峙《たいじ》する「日米の意思表示」だったのではないかと言われている。しかも、世界が注目した米朝首脳会談と同じ日であった。

この3つが重なったことは、中国への牽制になっていることは間違いない。日米両国が痛烈な「中国の牽制」姿勢を打ち出したのだ。日本も米国と連携して「中国包囲網」の形成に動いているのだ。

アメリカには、台湾周辺と南シナ海を中国に制圧されれば、自由主義陣営が危ない、という危機感がある。そのためトランプ政権としては、反中国になることを期待して北朝鮮を取り込むと同時に、台湾を自由主義陣営の前進基地にしようとしているのである。

中国に対するトランプ政権の警戒感を示すものとして、２０１８年７月に２００７年以来11年ぶりに台湾海峡に２隻のミサイル駆逐艦を派遣したことがある。さらに、アメリカは、台湾にF16戦闘機の部品など３６０億ドルを売却することを決定した。台湾を重視する姿勢を鮮明にすることで、中国を改めて牽制したのである。

また、台湾がすでに使用しているF16戦闘機やC１３０輸送機などの修理や交換のための部品、合わせて3億３０００万ドル（日本円にして３７０億円余り）も売却することを決めた。

アメリカの国防総省は声明で「台湾の安全保障や防衛能力の改善を支援するもので、この地域の基本的な軍事バランスを変えることはない」と説明している。

トランプ政権が、台湾への戦闘機の部品などの売却を決めたことをうけて、台湾の総統府は「安全保障の面で厳しい状況に置かれるなか、強い防衛力は台湾の人々を助け、この地域の平和と安定を維持できる能力をさらに高めるものだ」とコメントを発表し、今回の決定に感謝の意を示した。

一方、中国外務省の報道官は記者会見で、中国の主権や安全保障上の利益を損なうと批判したうえで「アメリカの台湾への武器の売却計画に強い不満と断固とした反対を表明する」と述べ、すでにアメリカ側に厳正な申し入れを行ったことを明らかにした。そして「アメリカには直ちに計画を撤回し、台湾との軍事的な関係をやめて、両国の関係や台湾海峡の平和と安定、それに両国の重要分野での協力に重大な損害を与えないよう促す」と述べて、トランプ政権に対応を求めた。

これに対して、アメリカは、2018年12月に、インド・太平洋地域での安全保障や経済面での協力を強化するための「アジア再保証推進法」を成立させた。この中にはアメリカと台湾との経済や安全保障面での関係強化も盛り込まれた。今後も台湾への定期的な武器売却やアメリカ政府高官の台湾訪問を推進すると言っているのだ。

中国の武力侵攻はあり得るか

それでは、中国が台湾に武力侵攻することはありえるのだろうか？

1970年代まで中国は台湾を「武力解放」すると主張していた。毛沢東的台湾統一論である。中国は、台湾が本来なら１９５０年代に「解放」されるべきだったが、アメリカが台湾海峡を封鎖したために、台湾問題が長期化したと批判している。

蒋介石はアメリカを味方につけて共産党への盾にしたのだ。そのため今日の台湾と中国の争いには必ず米中関係が絡むことになり、問題が複雑化することになった。

しかし、蒋介石亡きあと、蒋経国総統の時代に、中国は「一国二制度」を提案してきた。蒋経国はこれを拒否したが、これは武力解放が実現困難になってきた状況を反映したものである。

かつてブッシュ政権は「台湾が大陸から攻撃を受けた場合には台湾を守るが、台湾が独立した場合には防衛しない」ことを明らかにした。この当時は、中国と「国際テロリズムに対する戦い」のパートナー協定を締結したことに加えて、中国の巨大市場にすり寄ろうとしていた背景があったのだが、現在は、貿易摩擦から始まった米中対立の時代を迎えており、安全保障の面から見ても、民主国家の台湾を守るというシグナルを読み取ることができる。中国にとっては先制奇襲攻撃ができるような状況ではなくなっている。

ましてや、現代は、中国の政治・経済はすでに世界の政治・経済にリンクされている。台湾への武力攻撃となれば世界中から激しい非難の声が殺到するだろう。戦争を仕掛けることによって被る損害も分からないほど中国は愚かではないだろう。

従って、武力による解放は事実上使われないと考えられるが、「中国の奇襲攻撃」として、次のようなシナリオが指摘されている。

２０１８年2月22日、ボイス・オブ・アメリカ（ＶＯＡ）の中国語版サイトは、アメリカのシンクタンク、戦略国際問題研究所（ＣＳＩＳ）の最新の報告書で、「中国の台湾奇襲」が「中国による米国へのサイバー攻撃」「米国の東アジア同盟国体系の崩壊」などとともに「大国競争時代に起こり得る18の突発的なシナリオ」の1つに挙げられていると報じた。中国について次のように指摘している。

「台湾と南シナ海が最も衝突が起こり得る地域だ。この戦争は非合理に思えるかもしれない。だが、数年間の内戦で数百万人の命を失った中国が、日本とドイツを敗退させたアメリカが相手であることも顧みず、朝鮮戦争に加わったことを考えれば、（台湾などへの）奇襲は不可能ではない」

そして次のように分析している。

「中国は台湾が独立を宣言する前に襲撃を行い、中国人民解放軍は太平洋のアメリカ軍を攻撃することなく、台湾島周辺に接近阻止・領域拒否の能力を確立するだろう。アメリカの同盟国の多くが、対話を呼び掛け、中立を宣言する中、アメリカはそのような不利な状況下で反撃しないことを決定することになるだろう」

それでは、具体的にどのような中国の戦術が考えられるのだろうか。

２０１１年に、アメリカ国防総省顧問のマイケル・ピルズベリーがシミュレーションした「中国の台湾攻略　５つのシナリオ」を見てみよう。

１「台湾側が実効支配する東沙諸島、澎湖島、太平島などを一気に軍事占領する作戦です。その侵攻で軍事力の強大さと政治決意の強固さを誇示すれば、台湾がギブ・アップすると期待するわけです。流血も少なく、中国側の抑制を外部に印象づけられるかもしれない。だが、この方法は台湾本島全面攻撃の予告ともなり、台湾側の官民をかえって団結させる可能性もある」

２「第二のシナリオは海上封鎖です。艦艇による伝統的な海上封鎖は台湾を締めつける威力は絶大ですが、中国海軍の負担も過大となりうる。次善の封鎖策として台湾の港や空港を閉鎖させるための空中封鎖、ミサイル攻撃、機雷封鎖なども中国軍の戦略家たちは提案している。中国当局は台湾に向かう各国船舶にまず中国本土に寄港させて、検査を求めるという措置もとれる。中国はさらに台湾の各主要港近くの海域で軍事演習を実行し、事実上の封鎖をもたらすという選択もある。中国は1995年から1996年にかけての台湾への威嚇ではこの措置をとり、大型船を実際に中国本土に迂回させたことがある」

3「第三は軍事力の限定的な行使、非戦争の選択です。これは中国軍部が台湾に対し破壊的、懲罰的な軍事行動を限定的に仕かける作戦だという。同時に台湾の政治、軍事、経済のインフラに対するコンピュータ攻撃や秘密の攪乱工作をもともなう。この種の工作は台湾住民の指導部への信頼を失わせることを目的とする。また中国人民解放軍の特別部隊が台湾に侵入して、軍事的な破壊工作を実施する。要するに中国軍自体による台湾内部攪乱作戦ともいえる」

4「第四の攻撃方法は空爆とミサイル発射の同時実行です。配備された短距離弾道ミサイルの一部と拠点限定の空爆により台湾側の空軍基地や通信基地、防空網、宇宙資産などを重点的に機能破壊していく。台湾の軍や政治の指導層を骨抜きにして、一般住民の戦闘意欲をも削いでしまおうという意図です。ここまでくると、実態はもう戦争である」

５「第五の戦略は中国軍による台湾侵攻上陸作戦です。海と空から電子戦争をも含めての大規模な上陸作戦展開のシナリオです。中国軍はそのために水陸両用車や揚陸艇、戦車輸送艇など合計46隻を保有しています。目標としては台湾西海岸の北と南の特定地点に守備軍の防衛線を破って上陸し、橋頭堡を築き、そこから台湾全体の重要拠点を攻撃し、占領していくことです」

マイケル・ピルズベリーによれば、こうした台湾攻略の多様な軍事シナリオは中国軍の参謀たちが実際に論文などに明記しているのだという。

『Ｃｈｉｎａ　２０４９』で中国の狙いを知ったアメリカ

貿易戦争にはじまる「米中対立」が「台湾独立」に大いに影響を及ぼしてくることが考えられる。

今から約4年前の2015年2月に、アメリカで、「兵は詭道なり」の戦略をもって世界を制覇しようとしている中国の野望に警鐘を鳴らしてきた人物が登場してきた。ハドソン研究所のマイケル・ピルズベリー中国戦略センター所長だ。

彼が出版した本には「アメリカの対中戦略は根本的に間違っている。なぜか。中国は再び世界の覇権を握るべく、アメリカや一般に世界が考えているよりはるかに長期的な視点で、戦略的に考え、動いている。そのことにあまりに多くの人が気づかず今に至っている」というメッセージが添えてあった。

その本の名前は『China 2049』（日経BP社）。ウォール・ストリート・ジャーナルやニューズウィークなどが取り上げるなど大きな話題を集めた。

彼は、ニクソン時代からカーター、レーガンと歴代の政権において、国務省の軍備管理軍縮庁長官代行や国防総省の政策企画局長補佐などを歴任した人物だが、1990年代後半のクリントン政権時代に、国防総省とCIAから、中国のアメリカを騙す能力と、それに該当する行動を調査せよと命じられたのだ。

彼の本格的な中国調査研究はそのときから始まった。中国語で書かれた文献をもとに、中国が隠していた秘密を徹底的に調べ始めたのだ。

そしてわかったのは、中国のタカ派が毛沢東以降の指導者の耳に、次のような計画を吹き込んだということだった。

「過去１００年に及ぶ屈辱に復讐すべく、中国共産党革命１００周年に当たる２０４９年までに、世界の経済・軍事・政治のリーダーの地位をアメリカから奪取する」

どうして、かくも今までアメリカ人は中国事情に無知であったのか。彼は悔やんだ。

アメリカの中国専門家が犯した最大の間違いの１つは、『資治通鑑《しじつがん》』という本を軽んじたことだという。『資治通鑑』というのは、紀元前５００年から１５００年間の中国の歴史を記したものだが、そこには激しい権力闘争や粛清の歴史が生々しく描かれている。

『China 2049』の著者マイケル・ピルズベリー

マイケル・ピルズベリーはこれを読み、「戦国時代から伝わる策略の用い方、敵の包囲を避ける方法、好機が訪れるまで既存の覇権国を自己満足にひたらしておく方法などが記されていること」を知ったと言っている。

そして『Ｃｈｉｎａ　２０４９』の中で「中

国は建国以来100年をかけて（2049年までに）米国の軍事・経済の世界覇権を奪取する遠大な戦略を秘密裏に遂行している」と指摘するに至った。この計画は「100年マラソン」と呼ばれるようになった。

共産党の指導者は、アメリカとの関係が始まったときから、この計画を推し進めてきたのだ。そのゴールは復讐、つまり外国が中国に味わわせたアヘン戦争の屈辱を「清算」することだという。

『China 2049』を読んだ私は、2014年に習近平国家主席がドイツ・ベルリンを訪問した際に、記者団としたやりとりを思い出していた。記者団から、中国の不透明な国防予算について質問を受けた習国家主席は「中国は阿片戦争以降、列強の艦船や大砲の奴隷になった歴史的な悲劇を繰り返さない。中国は自らを防衛するための国防力を必ずや備える」と答えている。

マイケル・ピルズベリーは、台湾にも言及している。

「台湾は長年、米中の論争のもとになってきたが、2010年1月末、オバマ政権が台湾への64億ドルの武器売却を承認したのを機に、中国はアメリカの長期にわたる台湾への武器供与に改めて抗議し、台湾との関係の根本的な見直しを求めるとともに、今後の武器売却に疑問を投げかけた。中国はアメリカから台湾への武器売却を『中国の内政へのはなはだしい介入』と呼んだ。以前よりはるかに攻撃的な表現だった。さらに、中国は、アメリカとの軍事交流を一時的に中断し、台湾に武器を売却したアメリカの企業に制裁を加えた。この圧力に屈して、オバマ政権は次に提案された台湾への高性能のF16戦闘機の売却を見送った」

オバマ政権は中国に弱腰という印象を与えたために中国はより攻撃的になったと、連邦議会議員から批判されたという。

また、彼は、胡錦濤時代の台湾政策について、次のように言っている。

「台湾に対する中国の姿勢が和らいだことを完全に読み違えたことがあった。２０００年代の胡錦濤政権以降、中国は台湾を力で脅すのをやめ、代わりに、より寛大で間接的なアプローチ、主に、経済的に台湾政府に影響を及ぼすという方法をとるようになった。そうすることで中国は、台湾の与野党、企業のリーダー、マスメディア、一般大衆の間に深く入り込んだ。伝えられるところによれば、胡錦濤は台湾を征服するより『買収』する方が楽で、金がかからない、と側近に打ち明けたそうだ。中国と台湾は２００９年に『両岸経済協力枠組協定』に調印し、経済関係を正常化した。その結果、現在、中国・台湾間を週に約７００便の定期便が行き来し、２０１３年には２８０万人の中国人が台湾を訪れている。さらに、中国政府は台湾の財界エリートを味方に引き入れ、その多くは中国・台湾間の友好回復を強く支持するようになった。中国贔屓の台湾商人が台湾の主要な新聞社とテレビ局を買収し、中国政府はこれらのメディアや、財政援助した他のメディアに影響を及ぼしている」

中国の甘い政策には必ず裏があるから、安易に乗らないよう警鐘を鳴らしているのだ。

こうして、マイケル・ピルズベリーの影響で、共和党、民主党を問わず、アメリカ政府は、秘密裏に遂行されている中国の100年戦略を知り、アメリカが中国に対して無策であったことを自覚したのである。

その直後、つまり、マイケル・ピルズベリーの『China 2049』が出版されてから、3ヶ月後の2015年5月に、中国は「中国製造2025」という国家戦略を打ち出した。

事前学習をしていたアメリカの強硬派はこれを知り、「中国製造2025」に挙げられた、次世代IT（情報技術）、ロボット、新エネルギー自動車、AI（人工知能）、ドローン、ビッグデータなどの10項目に及ぶ重点分野は、いずれも軍事技術に直結すると危機感を露わにした。それらの技術水準がアメリカに追いつけば、アメリカの軍事的優位が脅かされ、米中がもし戦えば負ける可能性が出てくるのではないかと最悪のシナリオを想定したようだ。

中国に対するアメリカの国家声明

２０１８年10月4日、アメリカのペンス副大統領が、ハドソン研究所で中国政策に関する演説を行ったのだが、このペンス演説を仕掛けたのは、前述のマイケル・ピルズベリーである。この声明は、政治、経済、軍事、人権問題まで多岐に及び、中国に対する宣戦布告のような内容であった。

ペンス副大統領は、「中華民族の偉大な復興を唱える習近平政権が誕生してから、統制は強まり、民主化の火は消えかけている。台湾の外交的孤立を図るなど、自国の戦略的利益だけを追求する姿勢が強まる一方だ。アメリカが中国に手を指し伸ばしてきた日々はもう終わった」と言い放った。

ここで大事なことは、この中で、台湾について言及していることだ。

「中国共産党は昨年から、中南米３カ国に対し、台湾との関係を断ち切り、中国を承認するよう説得している。これらの行動は台湾海峡の安定を脅かすものであり、米国はこれを非難する。米国政府は、３つの共同声明や台湾関係法に反映されているように、『一つの中国政策』を尊重し続ける一方で、台湾の民主主義への支持は、全中国人にとってより良い道であると常に信じている」

これは台湾を守るという明確なシグナルである。また、次のように中国を批判している。

「中国当局はまた、台湾を明確な地理的実体として描いたり、中国のチベット政策から外れていたりする米国企業を脅している。中国政府はデルタ航空に対し、同社のウェブサイトで台湾を『中華人民共和国の省』と呼んでいないことを公式に謝罪するよう強要した。そして、チベットに関するツイートを単に好んでいただけの米国人従業員を解雇するようマリオットに圧力をかけた」

この対中政策は、共和党から民主党に政権が代わっても、継承されていく性質のものだ。それほど揺るぎない施策のなかで、民主主義国家である台湾が取り上げられたということは、台湾にとっては力強い限りである。

ペンス副大統領の国家声明に反発するかのように、中国側は、2018年11月9日のアメリカと中国の閣僚級による外交・安全保障対話で次のように語っている。

「強国路線を掲げる習近平は経済面では一定の譲歩をするかもしれないが、政治的な弱腰は断じて見せられない。台湾統一や南シナ海の軍事拠点化など核心的利益の問題で譲る考えは毛頭ない。アメリカの批判には取り合わず、粛々と進めていく考えだ」

更に、国防相は「我々はかつてアメリカが南北戦争でしたように、いかなる犠牲を払ってでも祖国統一を維持する」と台湾問題では絶対に譲らないとの姿勢を強調した。また、アメリカ側が「台湾の築いてきた外交関係を尊重するべきだ」と強調したのに対して、中国側は「台湾は中米関係における最も敏感な問題だ」と強く反発したという。

このような「新冷戦」とも呼ばれる米中対立の構図から見ても、貿易戦争は米中対立の一部に過ぎず、人権問題や台湾・南シナ海などでの安全保障での圧力は継続し、これから激しくぶつかっていくことだろう。

新冷戦と台湾経済

「新冷戦」に突入することによって、台湾は経済面では困難な課題を抱えることになる。

中国では、「中国製造２０２５」の中心的存在で、ハイテクノロジーの中枢である福建省普華集成電路（ＪＨＩＣＣ）がＤＲＡＭ量産を国産化する計画となっているが、予定通りには進んでいないようだ。

半導体の世界では、スマートフォンやパソコンなどの完成品メーカーが、半導体の設計や技術仕様を指示して、台湾などの製造受託企業（ファンドリー）に生産を任せる事業形態が基本構図となっている。

DRAM量産の技術を有していないJHICCは台湾の半導体大手・聯華電子（UMC）より製造プロセスの開発について支援を受け、中国国内での生産体制の確立を目指していた。JHICCの主役は総経理の陳正坤である。彼は、元マイクロン台中工場の総経理からUMCに転職し、JHICCに派遣されていたのだが、そのまま総経理に滑り込んだ人物だ。だが、彼がUMCに設計図を盗み出すことを持ちかけたということで、アメリカのマイクロンテクノロジーがJHICCを裁判所に提訴し係争している最中である。

そのため、それ以降、アメリカのマイクロンテクノロジーは技術流出を懸念し、台湾従業員の中国転職を牽制している。さらに、10月29日、アメリカ商務省はJHICCへのアメリカ企業の輸出を制限したと発表した。同社の新型メモリーによって、米軍システム向けにチップを提供する米企業が脅かされる「重大なリスク」があるというのがその理由だ。

米企業からJHICCへの部品供給を制限する「輸出規制」は、米商務省が4月に中国通信機器大手「中興通訊（ZTE）」に発動した措置と類型の対抗策である。措置を受けたZTEは、米国からの重要部品の供給が途絶えて一部事業の停止に追い込まれ、後に禁輸が解除されるまでに経営難に陥る苦難を味わった。

従って、台湾の半導体大手・聯華電子（ＵＭＣ）も、今後、アメリカの安全保障上の理由で中国への「輸出規制」の管理下に入ることが予測されている。となると、台湾から中国への輸出は制限されることになり、輸出の約４割が中国向けで、ＧＤＰ（国内総生産）を超える資本を中国に投資している台湾にとっては、厳しい経済環境になると考えられる。

とはいうものの、米中貿易戦争は台湾にとって、「漁夫の利」を得るかもしれないチャンスでもある。

蔡英文政権は発足直後から、馬政権時代に始まった中国への過度の経済依存を是正しようと、東南アジアを重視する「新南向政策」を実施してきた。しかし、遅々として進展していなかった。

ところが、中国に進出している台湾企業の間では、米中貿易戦争勃発以前から中国離れが起きているというのだ。その背景には、中国本土の人件費などの事業コストが東南アジアの３倍になり、国際競争力を失っていることがある。台湾企業約30社は、中国から東南アジアへの生産拠点の移転を考え始めているという。さらに、台湾企業約40社が「サケの里帰り」と呼ばれる台湾への回帰を検討しているという。

そこに米中貿易戦争である。これが追い風となり、政府主導の生産シフトが進展する可能性が見えてきた。

その上、休戦後に制裁関税が25％になれば、中国本土の製造コストは台湾のそれを上回ることになる。そうなれば、「新南向政策」が一挙に前進する可能性も出てくるであろう。

2020東京五輪「台湾正名」運動

日本と台湾の民間ベースで、2020年の東京オリンピックに「チャイニーズ・タイペイ」（中華台北）ではなく、「台湾」の名前で出場しようと署名運動を推進しているグループ「2020東京五輪『台湾正名』推進協議会」がある。

この運動を推進している協議会の日本向けサイトでは、「台湾はチャイニーズ・タイペイでもなければチャイナでもない。東京五輪では台湾選手団を『台湾』名で歓迎しよう」と訴えている。

そもそも、この「2020東京五輪『台湾正名』推進協議会」の源流は、台湾研究フォーラムの永山英樹会長などの親台派の日本人が、東京での五輪開催が決まった直後から、「チャイニーズ・タイペイ」を「台湾」の正名へと訴える言論活動を進めており、台湾の独立派の代表的な諸団体、諸政党とも協力関係を築きながらやってきたものだ。具体的には、李登輝民主協会、台湾聯合国協進会、台湾独立建国聯盟、台湾国弁公室、台湾団結聯盟（政党）、基進党（政党）、台湾民主自由党（政党）などと提携しながら進めているという。

この生みの親ともいわれる永山英樹さんは、２０１０年に台湾チャンネル（日本文化チャンネル桜）で署名運動の抱負について次のように語っている。

・運動の動機や背景は？

第一に、我々は台湾を愛している。台湾は日本の兄弟国だと思っている。第二の理由は、東日本大震災のときに、台湾はあれほど大きな支援の手を差し伸べてくれた。そして今回は我々が台湾のために声を上げる番だからだ。第三の動機は、李登輝元総統が言った言葉だが、日本と台湾が生命共同体であることだ。

中国は目下、『チャイニーズ・タイペイ』という名称を利用して、国際社会に対し、台湾は中華人民共和国の一部であると宣伝している。その目的はもちろん、中国の台湾併呑《へいどん》に対し、国際社会に反対させないためだ。だから日本人は台湾のためにも日本自身のためにも、中国の台湾侵略の野心に反対しなければならない。

我々はこの運動を通じ、日本を含む国際社会が、台湾と中国は別々の国であることをはっきり理解させ、みなで中国の台湾併呑に反対できるようにしたいと考えている。

・あなたのこのような親台湾の主張は、日本の社会に受け入れられるか？
私は問題ないと思っている。現在のところ、ＪＯＣ（日本オリンピック委員会）を含む一般の日本人は、『チャイニーズ・タイペイ』の名称に問題があることを理解していない。なぜなら台湾までそう自称しているからだ。しかし今後、台湾人が『台湾は台湾。チャイニーズ・タイペイではない』という心の声を上げていくなら、日本は東日本大震災以降、世界一の親台国家になっているので、台湾人の声を聞いたなら、きっと台湾を支持すると思う。台湾の正名に反対する理由などない。

・そうした親台湾の主張を政府の政策に反映させることはできるのか？　日本社会に受け入れられるのか？
今のところよくわからない。なぜならこの問題は中国の「一つの中国」問題に関わっており、政府はこの敏感な政治問題には関わりたがらないからだ。ただ台湾政府が直接日本政府に台湾正名を要求したなら、この問題に直面せざるを得なくなるだろう。

・台湾は国際社会でどのような方向に進むべきか？　台湾政府にアドバイスをたとえば２０１６年のＷＨＯ総会で蔡英文政府は『チャイニーズ・タイペイ』の名を受け入れてしまった。そうなると外国はその名称で問題ないと誤解してしまうだろう。

永山さん等は、２０１６年2月に「台湾２０２０東京」アクションをスタートさせ、まずはＩＯＣ宛に「台湾」正名を訴えるネット署名を呼び掛けた。すると、これが台湾で大きな反響を呼び、現地メディアもこぞってこれを報じた。これを機に日台協力は一挙に動き始めたのだ。

次に、東京都議会への請願運動など、日本での活動を広げようと、「２０２０東京五輪『台湾正名』推進協議会」を発足させたのである。会長には日本文化チャンネル桜社長の水島総氏が就任。今後は中国の圧力を恐れない親台勢力の結集を図っていくということである。

請願署名は国籍を問わないため、在日台湾人の他、台湾本国の人々とも協力の体制を築いていくと言っている。

そして、2017年1月には、その運動の一環として、大勢の参拝者が行き来する靖国神社前において東京都議会に対する請願署名活動を実施した。また、その後、新宿駅前でも実施した。現地には在日台湾同郷会、在日台湾婦女会や美麗島交流会など、在日台湾人グループのメンバーも駆け付けたという。

多くの方々から「頑張ってください」と声を掛けられた永山さんは、胸が熱くなった。「小さな台湾はまだまだ救われる。そもそも日本とはそのような国である。日本人の親台感情の深さは、こうした街頭活動に参加するととてもよくわかるものなのだ」と自信を深めたという。

この様子は、台湾の最大手新聞の「自由時報」も報道してくれたので、台湾との運動提携の機運が一層高まることを期待していた。

それではなぜ、台湾が「チャイニーズ・タイペイ」と呼称されることになったのか。そこに至るまでの経緯を振り返ってみよう。

中華民国が、IOC（国際オリンピック委員会）に中国オリンピック委員会として加盟したのは、１９２２年のＩＯＣ年次総会のときであった。

それ以来、１９４８年のロンドン大会まで、中華民国が中国の代表として参加していた。

しかし、国共内戦の結果、１９４９年に大陸に中華人民共和国が建国された。国民党の中華民国は敗れ、台湾に逃げた。それでも中国オリンピック委員会は台湾に移転したとＩＯＣに通知したのだが、承認されたのは１９５１年であった。さらに、中華民国が中国オリンピック委員会として、１９５６年のメルボルン大会から１９７２年のミュンヘン大会まで参加したので、「一つの中国」を理由に中華人民共和国はボイコットした。

そして１９７６年のモントリオール大会では、中華人民共和国と国交を結んだ主催国カナダが中華民国を認めないということになり、これを中華民国がボイコットした。このとき中華人民共和国はカナダに対して「一つの中国」を理由に中華民国を認めないように圧力をかけたのだ。もちろん、中華人民共和国はＩＯＣに未加盟なので不参加であった。

それから3年後の１９７９年に、「一つの中国」として中華人民共和国がＩＯＣに加盟することが認められたのだが、その代わりに中華民国は従来の名称・旗・エンブレムを使用することはできなくなった。

中華民国はそれらの変更を受け入れざるをえず、ＩＯＣが決めたものを使うことで残留す

オリンピックで台湾が使用している旗

る方針となったものの、中華人民共和国（以降、中国）が初めて参加した１９８４年のロサンゼルス大会では、新しい名称・旗・エンブレムが決まっておらず、ボイコットした。

次の１９８８年のソウル大会には、ＩＯＣが決めた英文名「チャイニーズ・タイペイ」で参加したが、漢字の表記は未決定であった。

そこで、漢字名称について、中華民国側の主張する「中華台北」にするか、中国側の主張する「中国台北」にするか、１９８９年に香港で、中華民国と中国のオリンピック委員会同士の協議が行われた。

その結果、合意したのが「中華台北」であった。それをＩＯＣが承認、その直後に開催されたアジアユース体操選手権大会より実行されたのだが、そのときの中華民国政権は国民党で、蒋経国が亡くなった翌年のことである。当時としては、「一つの中国」を強要する「中国台北」を蹴飛ばしたのだから、国民党は立派な仕事をしたと言えなくもない。

しかし、今となっては、「中華台北」の名でも、中国の圧力に屈したと思えるのだ。これが、これまでの「チャイニーズ・タイペイ」呼称についての経緯である。

確かに、今までの国際スポーツ大会では、台湾は「チャイニーズ・タイペイ」のプラカードを掲げて登場している。しかし、日本語表記では「中華台北」となっているが、「Ｃｈｉｎｅｓｅ Ｔａｉｐｅｉ」は「中国領台北」とも訳すことができる。なんだかよくわからない呼び名だ。

台湾人が応援して振っている旗は「中華民国」の旗なのに、「台湾」の旗はないのだ。声を出せば「中華隊、加油《ジャーヨー》」と叫び、「中華民国、加油」とも、「中華台北、加油」とも言わない。「中華隊」の「中華」は「中華民国」の「中華」と認識しているので、違和感はないようだ。しかし、台湾人にしてみても、「台湾って何？」と一瞬考え込んでしまう瞬間である。それならば「台湾に統一したらいいのではないか」と思いたくなるのは私だけであろうか。

ところで、肝心の台湾国民は、国を代表するスポーツ団体の名称について、どう思っているか。興味深い調査結果がある。台湾のシンクタンク「台湾智庫」が２０１６年12月27日に発表したものである。

それによると、51％が「台湾」、34・6％が「中華民国」とそれぞれ答え、「中華台北」（チャイニーズ・タイペイ）はわずか9％であった。ほとんどの国民が「チャイニーズ・タイペイ」の名はおかしい、不自然である、嫌悪感があると思っているのだ。「台湾」が過半数と多いのだ。

そこで、台湾人に「正名運動」と、2020年の東京オリンピックで、「チャイニーズ・タイペイ」でなく「台湾」で出場しようと運動していることについて生の声を聞いてみた。

日本駐在の台湾人ジャーナリストである謝恵芝さんは次のような意見だった。

「台湾にとって正名が絶対必要と思います。むしろ遅いぐらいです。もっともっと早くやるべきだったと思います。どこにいっても、誰が何を言っても台湾は台湾です。台湾人の台湾国です。何がチャイニーズ・タイペイですか？　チャイニーズは台湾と関係がないし、台湾はタイペイだけではない。『軒先を貸して母屋を取られる』のように、中華民国が台湾に亡命してきて、勝手に台湾という私たちの家の表札を自分たちの名前に変えて、家主である台湾人の了承を得ていません。それからの何十年もやりたい放題でやってきましたから、もう耐えられません」

セデック族のルビ・ワリスさんは次のように語る。

「正しいことを正しいこととして世界に伝わるようにどんどん推し進めていってほしいです。『チャイニーズ・タイペイ』って一体何ですか？　台湾の人々を馬鹿にしているのですか！　許しません」

台湾人留学生の江永博さんはこのような回答だった。

「正名運動はすばらしい活動だが、いかなる正名にするかは問題だと思う。『チャイニーズ・タイペイ』が不適切だったら、パスポートにある『中華民国』で活動するのが筋だと思う。中華民国でなく『台湾』で活動したら、逆に地方の名称で参加するようなイメージを受ける。台湾を国名として使いたかったら、まず国名を台湾国にすべきだ。現在の蔡総統も、国会の大多数を占めている与党も独立派なので、独立しようとしたら、簡単にできるはずだが、それをしない理由を知りたい。国内でも国名を変えないのに、海外のイベントに対して正名するのは、僕から見れば、ただの政治的操作にすぎない」

台湾では２０１８年２月頃から、２０２０年の東京オリンピックに「チャイニーズ・タイペイ」ではなく、「台湾」名義での参加申請の賛否を問う公民投票の実現に向けた署名運動が行われていた。

同年3月に、公民投票発案を受けて開かれた公聴会で、著名な五輪メダリストの紀政《きせい》氏は、次のように論じていた。

「台湾代表の正名は明確な論拠があり、さらには前例もある。諮問的な投票では断じてない。五輪憲章第30条には、NOC（国内五輪委）の名称はその国の領土の範囲と伝統を反映するものでなければならず、IOC（国際五輪委）理事会の承認を得るものとする、とあるが、『チャイニーズ・タイペイ』は領土の範囲と伝統を反映していない。選手の多くも台北出身ではない。『台湾』の名であれば、より五輪憲章に符合することになる。

台湾選手は1956年のメルボルン五輪では『フォルモサ』の名で、60年のローマ五輪と64年の東京五輪、68年のメキシコシティー五輪では『タイワン』の名で参加している。また正名には前例があり、オランダ五輪委は1992年、『ネーデルランド』五輪委への改名をIOCに申請し、許可されている。したがって『正名』には正当性と実現可能性があり、オリンピニズムにも符合する」

このように言って台湾名での参加申請を強く求めていた。

しかしこれに対し、政府側は反論したのである。

外交部は「正名はローザンヌでの合意（「チャイニーズ・タイペイ五輪委」の名称受け入れに関するIOCとの合意）に違反する恐れあり」と指摘し、体育署も「我々は長い間国際スポーツ大会から締め出され続け、チャイニーズ・タイペイと名乗ることでやっと参加できるようになったのだ」と強調していた。

また、民進党政権は「（チャイニーズ・タイペイの名称は）不満だが無理をして受け入れるしかない」といったコメントを繰り返してきた。

かくして、公民投票の実現に向けた署名運動が盛り上がってきたのだが、中国系反対勢力も激しく動いた。

署名運動の応援にきていた永山さんは、反対派の動きについて、次のように語っていた。

「この運動を何としてでも阻止しようと躍起になって動いたのが、台湾のチャイニーズ・タイペイ五輪委員会（CTOC）だ。国民党の息のかかった人材で固められているようだ。

その1人とされる元国際部長である姚元潮は4月、IOCのバッハ会長に、『この公民投票は政治のスポーツへの干渉である。両岸危機を高める可能性もある。なぜなら台湾への改称を通じて台湾独立を進めようとするものだからだ。台湾の名は国家の領土範囲を反映していない。台湾以外にも澎湖列島や金門、馬祖もある。台湾は中華民国の一部なのだ』と書簡を送り、ＩＯＣに『ＣＴＯＣを通じて台湾当局に警告を発し、今後のあらゆる問題の発生を防止してほしい』と依頼した。

その結果、ＩＯＣ執行理事会は台湾からの改称申請は許可しないと決議し、5月初めにその旨を記したＣＴＯＣあての書簡『ＩＯＣからの警告』を発した。

ＣＴＯＣと中国はたびたびその書簡を『ＩＯＣからの警告』だと強調し、反公民投票宣伝に利用していた」

続けて、永山さんはこのように言っている。

「当然ながら、ＣＴＯＣの林鴻道会長も公民投票牽制で狂奔した。『ＩＯＣからの警告』とともに、中国の宣伝に与して『公民投票はＣＴＯＣの資格や選手の出場権を剥奪する』と公言した。これはデマである。そもそも公民投票やその結果に基づく改称の申請だけで、そのような制裁を受けるはずがない。ＩＯＣも台湾の公民投票や言論の自由は尊重すると表明しているのだ。しかし林会長率いるＣＴＯＣは、こうしたデマ宣伝を著名なオリンピックメダリストを含む多数のスポーツ選手らの口でも語らせていた。

また同会長は、東京オリンピック・パラリンピック組織委員会の副会長が公務で台湾訪問を取りやめた一件を以って、日本側による公民投票反対の意思を暗示しているなどとも宣伝した。

さらに、国民党系、すなわち親中のマスメディア各社も『蔡英文政権はＩＯＣに対し、公民投票が成立しても台湾正名の申請は行わないと表明した』とのフェイクニュースを広めたと報道していた」

このような情報戦が繰り広げられたが、いよいよ公民投票は統一地方選挙と同日の２０１８年11月24日に迫っていた。

世界の大きな関心を集めた投票の結果は、次の通りであった。

２０２０年の東京五輪に台湾の選手団が「チャイニーズ・タイペイ」ではなく「台湾」の名で出場するか否かの賛否を問う公民投票では、賛成約４７６万票に対し、反対約５７７万票となり、約１００万票の差で反対否決された。投票率は約56％だった。

前述の台湾のシンクタンク「台湾智庫」の世論調査では、ほとんどの島民が「チャイニーズ・タイペイ」の名はおかしい、不自然である、嫌悪感があると思っていて、「台湾」が過半数と多かったのだが、それにもかかわらず逆転されてしまったのだ。

台湾人留学生の江永博さんは、その結果をこう受け止めていた。

「この案は否決されました。実際、投票の２、３日前、選手たちは賛成しないよう、呼びかけ

正名運動に取り組む台湾研究フォーラム訪台団

ていました。なぜなら、最悪な場合に、『台湾』名義どころか、今まで使ってきた『Ｃｈｉｎｅｓｅ　Ｔａｉｐｅｉ』も使えなくなり、選手の出場資格が剥奪されてしまうからです。実はあえて可決させて、蔡政府の反応を見ようという声もありました。しかし、選手のことを考えて、最終的にこのような結果になったのでしょう。でも、可決されたとしても、政府に黙殺されてしまう可能性も非常に高いです」

永山さんは、この状況について捲土重来《けんどちょうらい》を誓った。

「今回の結果に最も喜んでいるのは中国である。しかし実際には台湾人の多くが『台湾』より『チャイニーズ・タイペイ』の名を好んでいるわけではもちろんない。中国及び国民党、メディア、そして何よりも五輪委員会といった台湾国内の媚中勢力によるデマ宣伝に惑わされ、選手の出場権を守ろうと考えた結果であることは、現地メディアも認めるところだ。予想外の事態といえたが、しかし敵の妨害は最初から織り込み済み。そもそもこの運動は、そうした敵勢力との闘いなのだ。

そこで賛成者４７６万人に敬意を表しつつ、我々は引き続き、日本での台湾正名請願署名活動に邁進して行きたい。翌25日、五輪メダリストにして台湾の正名運動のリーダーである紀政さんとお会いした際、『私はスポーツマン。ネバーギブアップです』と言われたが、日本人も台湾人もその精神で行けば、再び反撃の機会は訪れよう」

一方、中国国務院（政府）台湾事務弁公室の馬暁光報道官は、「台湾のスポーツ選手の利益を〝賭け金〟として利用することは人心を得られなかった。台独のたくらみは失敗する運命にある」と言及した。

この公民投票の結果で、台湾独立運動に火がつくことを心配していたのが、蔡英文総統であろう。

ひとまず、その心配は消え、ほっとしているのではないか。２０１５年6月にアメリカのホワイトハウスを訪れ、「政権獲得後には、両岸間に不測の事態を発生させないように『継続的な現状維持』を党の方針とした」ことを伝えて、相互信頼関係を深めていくと約束したからだ。

最後に、永山さんは、これまでの「台湾正名」の署名運動を振り返り、次のように述べていた。

「そもそも中国にとっては、台湾国民が公民投票という民主主義的な方式で『台湾は台湾。チャイニーズ・タイペイ（中国領台北）ではない』という事実を世界に表明するなど断じて許すことができないということだ。なぜならそれは自らの『一つの中国』宣伝に大きな衝撃を与えることになるからである。

しかし、逆に、台湾にとっては、国際社会に事実を理解してもらい、中国の台湾併呑政策への国際的抑止力を形成させる大きな一歩となるだろう。今台湾の政府、国民に求められるのは、まずはそうしたことを敢行する勇気だと言っていい」

確かに、今回の公民投票は「台湾は台湾である」という真実についてマスメディアを通して、世界の多くの人々に知ってもらったビッグイベントであったと思うのである。

中華民国憲法と「一つの中国」の関係

正名運動も重要だが、台湾の真の独立のために大切なものがある。「台湾は中国の一部」とする中華民国憲法の改定である。

とはいっても、この中華民国憲法には、「台湾は中国の一部」という条項はない。中華民国憲法そのものが「一つの中国」を表明しているということになる。

そもそも、中華民国という国家は、1912年1月1日に中国大陸において、孫文を臨時大総統として成立したものである。その後、中華民国憲法は孫文の論述を基に中国大陸で編纂されていったが、国共内戦が続いていたために遅れ、制定されたのは1946年末であった。

だが、この憲法は、中国大陸と台湾の両方に適用されることを前提として制定されたものだ。なぜ、台湾が含まれるのかと不思議に思われるかもしれないが、蔣介石も参加し、1943年に発表されたカイロ宣言には「日本は台湾及び膨湖諸島を中華民国に返還すること」と書かれているからだ。

つまり、中華民国の領土は現在の中華人民共和国全土、及び蒙古、台湾だという蔣介石時代の虚構がそのまま維持されているのだが、大陸においてはまったく施行されたことがなく、当時の国民党政権が台湾にやってきて初めて施行されたものだった。

そのうえ、共産党に劣勢となった中華民国政府は、国家総動員と共産党による反乱を鎮定するという名目で、「動員戡乱《かんらん》時期臨時条款」を公布し、事実上憲法の諸制度を停止する戦時体制へと移行した。中華人民共和国が成立すると、蔣介石は中央政府を台北に移転させ、台湾を「祖国統一」のための復興基地とした。

こうして、中国全土を適用範囲とする「中華民国憲法」の下、「全中国を代表する正統国家」としての中華民国体制を維持した政府による台湾の統治が始まった。加えて「動員戡乱時期臨時条款」と「戒厳令」によって、共産党政権との内戦状態が法的に継続されたのであった。

この憲法は前文と14章175条からなっているが、領土については第4条で「中華民国の領土は、その固有の領域による。国民大会の決議を経なければ変更することができない」と規定している。そして、領土そのものがどこからどこまでを含むのかについては、憲法本文には直接の規定はないのである。

しかし、モンゴルとチベットが、国民大会代表、立法委員、監察委員の選出母体として明記されているし、モンゴルとチベットに対して自治を保障することが規定されている。台湾地区は、中華民国のごく小さな一地域にすぎないのだ。

しかも、憲法の根幹を成す国民大会代表、立法委員、監察委員の選挙を憲法の規定通りに行うことができないし、憲法の規定する国家体制も台湾地域だけではどうすることもできないのである。

なお、蒋介石は1966年に憲法改正の是非を問う臨時国民大会を召集したものの、「大陸奪還前に憲法改正は行わない」という決議が採択されたため、このとき提案されていた改憲案は幻に終わった。国内的には、中華民国憲法の本文を形式上維持しながら、中国大陸で選出された国会議員の任期を無期限に延長することで、中国の正統政府であることを誇示しようとしたのである。

しかし、この中華民国憲法がこれまで一回も改正されなかったということではない。部分改正ではあるが、これまで７回改正され、いわば憲法の「台湾化」が図られてはきているのである。

まず、１９８８年、総統代行に就任した李登輝は、この憲法について「中華民国はすでに存在していない」と述べ、「この服は破けて着られない。35省（つまり中国大陸）を統治するなどまったく不可能な話だ」と語っている。

そこで、この中華民国憲法を修正し、政府組織を現状の実効統治している範囲に適したものに修正追加することにしたのだ。

その際、中華民国の実効統治範囲を指す法律上の適切な呼称が今までなかったため、憲法上の中華民国全土とは別に、中華民国が実効統治している区域のみを指す概念として「自由地区」が生み出され、１９９１年の第１次憲法修正時に初めて法律上の用語として使用された。更に、1992年には自由地区と同じ意味を持つ「台湾地区」が、両岸人民関係条例（中国大陸との民間の各種往来について定めた法律）内にて使用された。

なお、単に「台湾」としなかったのは、中国側から台湾独立と受け取られる恐れがあること、また台湾側も、憲法改正で国号を台湾共和国に替える「法理独立」につながることから、政治色をなくそうとした配慮からであった。

さらに、現在の中華民国憲法の改正条項には大きな問題があったので、陳水扁政権が新憲法の必要性を訴えた。憲法改正には、立法院の4分の1以上の議員の提案、4分の3以上の出席、そして4分の3以上の賛成が必要だとされている。これだと、国論が二分するような改正は不可能というのが関係者の間で指摘されていた。つまり、逆にいえば、たったの4分の1プラス1人で改正阻止できる規定だということである。

ということで、公民投票による新憲法の制定という話となった。

具体的には、2006年12月10日の「国際人権デー」に住民投票を行って新憲法を誕生させ、2008年5月の次々期総統就任日から実施したいと日程にまで触れたのである。新憲法の内容についてはほとんど触れてはいないが、これまでの「中華民国憲法」を「台湾国憲法」に作り直すことだった。

そして、陳総統は「台湾中国、一辺一国」つまり、台湾と中国はまったく別の国家であることを掲げ、公民投票を訴えた結果、念願の公民投票法案が国会で成立し、これによって台湾の独立への道が開かれたかに見えた。

だが、「台湾が大陸から攻撃を受けた場合には台湾を守るが、台湾が独立した場合には防衛しない」とブッシュ政権が名言したことで、その勢いはしぼんでしまった。

ところで、肝心の台湾人は、この中華民国憲法をやめて、台湾国憲法を制定することに賛成するのだろうか。

セデック族のルビ・ワリスさんは明快に台湾国憲法の制定に賛成と語った。

「現在の『中華民国憲法』は中国大陸での戦いに敗れ、台湾に逃げ込んできた国民党に都合の良い形にした法律です。台湾の人々の意見は反映されておりません。公民投票による民意が反映された『台湾国憲法』を制定すべきと考えます」

台湾人留学生の江永博さんも台湾国憲法の制定には異論がないが、解決しなければならない問題が多いと言っていた。

「中華民国憲法はすでに時代的に不適切だったら、台湾国憲法を作ってもまったく問題がないと思います。でも、その前に、やはり『中華民国』をどう扱うかという問題に戻ってしまいます。個人的な考え方ではあるが、『台湾国憲法』の制定を公民投票にかけようとする時点で、すでに中国に武力による統一の口実を与えたと思います」

日本は台湾に何をしてきたのか？

日本の外務省は、中国・モンゴル課が作成した「最近の日台関係と台湾情勢」（２０１４年）の中で、「台湾に関する我が国の基本的立場」を表明している。

・台湾との関係に関する我が国の基本的立場は、１９７２年の日中共同声明にあるとおりであり、台湾との関係を非政府間の実務関係として維持してきている。
・台湾の法的地位については、我が国は、サン・フランシスコ平和条約第二条により、台湾に対する「すべての権利、権原及び請求権」を放棄しているので、台湾の法的地位に関して独自の認定を行う立場にはない。
・両岸関係については、我が国は、「２つの中国」、「１つの中国、１つの台湾」との立場をとらず、台湾独立を支持しない。我が国としては、台湾を巡る問題が、両岸当事者間の直接の対話により平和的に解決されることを期待。こうした観点から、中台間の対話は歓迎すべきもの。今後とも状況の推移を注視。

このように中国に気を遣い、台湾については、基本的に台湾自身が考え決めることだという姿勢である。これは、中台断交以来一貫して公式に表明しているものである。

ところが、従来の日本の指針が180度転換したことがあった。

2005年4月29日アメリカを訪問した町村外務大臣は、ニューヨーク市内で政策スピーチをした後、聴衆の質問に答える形で、台湾問題について「もともと台湾は日米安保条約の対象になっている」と述べた。同条約の極東条項の地理的な範囲に台湾が含まれると指摘した発言と思われるが、日本の外相が台湾を日米安保の対象と明言したのは異例のことであった。

そして、2月に日米で合意した共通戦略目標について「そこで台湾（問題の平和的解決）を述べたからと言って、日本の防衛線がそこまで拡大したかというと、もともと台湾は日米安保条約の対象になっている。今までの日本の台湾政策とまったく変わっていない」と語ったのだ。

日本政府は極東の範囲について「フィリピン以北並びに日本及びその周辺の地域であって、韓国及び台湾地域を含む」との見解を示してきた。ただ、これまでは、中国は日米安保強化が台湾の自立化を促すことになると強く警戒していたので、日本側は中国を刺激しないように台湾への言及については避けてきたと見るのが真相だろう。

台湾は、町村外務大臣の演説を耳にして、日米安保体制を頼もしく思ったことであろう。

これに対して、中国は猛反発した。

また、最近では、2017年3月25日に、日本政府の赤間二郎総務副大臣が、日本側が開く食品・観光イベントの開幕式に出席するために公務で台湾を訪問した。副大臣級の日本政府要人が台湾を公務で訪問したのは、国交断絶して以来、初めてのことだった。

蔡英文総統はじめ与野党幹部との意見交換では、中国による台湾各種メディアへの影響力が増大しており、選挙への介入も現実問題となり、日台ともに、情報を共有する体制をつくり、具体的に両国で対策を進めていこうという提案があった。

これが発端になり、2019年3月2日付けの産経新聞は、「台湾の蔡総統が増大する中国からの脅威に対抗するため、日本との協力強化に意欲を示し、安全保障問題やサイバー攻撃に関して日本政府と対話したい。地域の安定性の観点から、日本と台湾は対話と中国軍の動向に関する即時情報の共有などを通じて関係を強化すべきだ」との見方を示し、「対話の形式は日本側の決定と取り決めに従うとし、日台関係での安倍首相の思い切った決定を称賛し、同首相を台湾の友人と呼んだ」などと伝えている。

また、２０１７年1月1日より、日本は、名無しの権兵衛的な「交流協会」を「日本台湾交流協会」に名称変更した。台湾もこれに応じて、対日関係の代表部だった「亜東関係協会」を5月までに「台湾日本関係協会」に変更したのだった。

日本の変更は、何も台湾からの要請ではなく、日本が自発的に行ったことである。これを受けて台湾が名称変更するまで、４ヶ月かかっている。この時間差こそ、中国を刺激しないように、あまり目立たないように動いた様子がうかがえる。

この名称変更は、国際政治的には画期的なことである。「台湾」の名がつくことは、「台湾」の存在を認めるということであり、日本が独自に中国と対峙することも厭わない意思を伝えているように感じられる。

中国は、日本の協会の名称変更に抗議したが、それ以上の恫喝も制裁も行っていない。

このような動きは、明らかに台湾寄りの姿勢で、台湾を国家として認めるかのような方向に進んでいるように見える。

安部首相は、2016年末に、オーストラリアやフィリピンを訪問している。日本はこれらの国々と安全保障や経済関係を強化していこうとしている。この中に台湾を組み入れようとしているのではないか。この動きも、台湾の東南アジアを重視する「新南向政策」と合致することである。

それが実現すれば、日豪亜の体制に組み入れられた台湾を中国がたやすく併合する可能性を弱めることができる。

日本はこれからも、台湾を国家として認めないかもしれない。しかし、日本が台湾に対して可能な限り実行できるものは実行していくというメッセージを示しているのだ。

日本が台湾の後ろ盾になることによって、台湾に一国二制度を強要しようとする中国を牽制し、中国から自立している台湾の現状を維持することができる。

さらに、長期的には、米中対決の中で、また、台湾正名運動による国際世論のうねりによって、台中関係は台湾にとってよい方向に微妙に変わっていくだろう。そして、いつか台湾が世界から国家として承認される時代が来ることを願っている。

最後に、日本の現状や動きについて、台湾人として何を感じていますかと聞いてみた。

セデック族のルビ・ワリスさんは次のように言った。

「今日の日本人は若い人よりも、政治の実権を握っているような層の、実に事なかれ主義的な発言や行動が目につき不快です。これは中国ならず韓国に対しても同様ですが、国としての誇りがあまりにもなさすぎです。おかしいと考えられることははっきりと発言すべきです」

江永博さんの回答は次の通りだ。

「国レベルの付き合いは、いくら綺麗事を言っても利益優先です。民間のレベルは別の話だと思いますが、国レベルになると、先日蔡総統の言った『日台安保』も、『尖閣問題』も台湾は相手にされないと思います。ある意味で蔡総統は日本に期待したから『日台安保』という発想を出されたかもしれません。しかし、その結果は政府関係者が『日台安保』について『考えていない』という典型的な外交用語で返答しました」

確かに、蔡総統の安保対話要請を巡っては、日本の河野太郎外相が記者会見で、日台関係は「非政府間の実務関係を維持していくというので一貫している。この立場に基づいて適切に対応してまいりたい」と述べた通り、公式には、現時点での日台ハイレベル、当局間対話の開催は「不可能」だということになる。

実務者協議だけで効果を上げることができるサイバーセキュリティーなどの分野では対応していくと思われるが、表面上は、日本側は中国への配慮などで準備ができていないという姿勢を崩していない。

しかし、その一方で前述したように、「日本台湾交流協会」の名称変更や日豪亜の体制に台湾を組み込もうとする動きなどもある。今後の台湾問題は米中の綱引きの中で日本が大きな役割を担う可能性があるということも忘れてはならない。

中国に対して「台湾」を貫いたＪＡＬとＡＮＡ

中国の言う「一つの中国」に反対して意地を貫いた話もある。

中国は、２０１８年４月、世界各国の航空会社44社に対して「台湾」と表記することをやめるよう強制した。台湾は中国の一部とする「一つの中国」の原則に反するものだからという理由だ。具体的には「台湾」の表記を「中国台湾」とする通達に従わなければ、中国での企業活動を制限すると恫喝したのである。

日本航空も全日本空輸も「台湾」の表記問題で最後まで試行錯誤を繰り返したが、強い意地を見せた。かつて日中航空協定の締結にあたって、中国の申し入れにより日本航空の台湾への乗り入れが禁止されたために、日本アジア航空となったことがあった。日本アジア航空は日本航空の子会社である。このときの体験が大いに生かされ、世界の航空会社が「今後の対応の参考になるかもしれない」と評価されるほどのアイデアで中国の要求を払いのけたのである。

両社は中国、韓国、台湾を「東アジア」という地域でひとくくりにし、その中で都市名のみを表記する方式を採用した。そして、中国と香港向けのサイトでのみ、表記を「中国台湾」に変更し、台湾や日本を含む他地域向けのサイトでは「台湾」表記を維持する〝使い分け〟を行ったのだ。

だから、中国・香港地域で見れば、明らかに「中国台湾」となっている。しかし、日本や台湾で見れば、「台湾」となっている。台湾研究者等は、「日本の外交方針を十分に理解した最善の方法だった」と称賛していた。

アメリカ政府も中国当局の通達を批判し、米航空各社に中国の要求に従わないよう求めたが、結局、米各社は台湾の都市に限り、「台北」や「高雄」など、「台湾」を外して都市名のみを表記する方式に変更した。結果として限定的だが表記変更に動いた。

ルフトハンザドイツ航空は、「台湾」から「中国台湾」という表記に変更した。大半の航空会社は中国の求めに応じ、「台湾」から「中国台湾」へと台湾を中国の一部と明確に示す表記に変更していた。中国の影響力が世界で増大していることがうかがえる。

台湾が独立する日

２０１８年11月、台湾の統一地方選で与党民進党が惨敗し、蔡英文総統が党主席を辞任したことで、２０２０年の総統選に向け「ポスト蔡」を意識した動きが活発化している。

これを機に、民進党内で「蔡氏では戦えない」との声が高まった場合、1期目の蔡氏を差し置いて、行政院長（首相）の頼清徳《らいせいとく》（59）が出馬に踏み切る可能性もささやかれている。

一方、国民党候補には、総統選で蔡氏に敗れた新北市長の朱立倫（57）や前総統の馬英九（68）の「再登板」の声も上がっている。今回、民進党の地盤の高雄市長選で当選し注目された韓国瑜（61）に期待する声もある。

2年後の台湾はどうなっているのだろうか。統一地方選で惨敗した民進党に代わって、国民党が政権を4年ぶりに奪還するのだろうか。

もしも、2年後に、台湾が国民党親中政権となり、中国に対して、92年コンセンサスにある「一つの中国」を再追認すれば、台湾は中国の傘下に編入される可能性が高くなる。その環境は、胡錦濤・馬英九時代に整っている。中国の買収により中国贔屓となった台湾人が台湾の与野党、企業のリーダー、マスメディア、一般大衆の間に深く入り込んだからだ。「統一に向かう中台」のシナリオである。

この場合、台湾は独立状態を諦めて中国とより有利な条件で交渉し、統一せざるを得なくなる方向に動いていくことだろう。そして、台湾に「一国二制度」が適用されたら、香港のようになり、せっかく獲得した民主主義という財宝も泡のごとく消え、言論の自由はなくなるだろう。

すでに、知られていることであるが、中国は、南シナ海の南沙諸島（スプラトリー諸島）海域でフィリピンやベトナムと領有権を争っている岩礁を埋め立てて人工島を造成し軍事基地化している。東シナ海と南シナ海のつなぎ目が台湾である。

その台湾が中国に併合されたら、台湾は中国の前進基地となり、日本やアメリカが東・南シナ海を防衛することは極めて難しくなる。東・南シナ海の防衛は日本や米国にとって、最も重要な課題の1つである。

かつて台湾では、アメリカは中国の侵略から台湾を守ってくれるのだろうかという不安が高まり、それが馬政権の中国傾斜路線を受け入れる国民心理となって広がっていったことがあった。

しかし、台湾が民主主義陣営の日米の友好国の一員として存在している限り、中国は2つの海を支配することはできない。台湾が「世界一の親日国」だから守れというのではなく、日本の安全保障上の問題としても台湾との〝同盟関係〟は絶対に欠かせないのだ。

反対に、2年後に、「一つの中国」を認めない民進党が引き続き政権を担った場合、中国からの圧力が消えることはないが、アメリカの庇護のもとで「独立」を追求するチャンスはまだ残っている。

しかし、この厄介な中国のプロパガンダの「一つの中国」に対峙して、独立を勝ち得るのは容易なことではない。中華民国のパスポートに「台湾国」シールを貼って、独立が叶うのであれば、それに越したことはないのだが、それでは本質的な解決にはならない。

台湾が国際的地位を獲得して独立するには、中国のいう「一つの中国」を無視して独立するか、米中間での「一つの中国」見直しによって独立するか、二者択一しかないのである。

無視して独立となると、戦争になるだろう。それは避けるべきである。

米中間での「一つの中国」見直しとは、アメリカのトランプ大統領が、「なぜアメリカは『一つの中国』政策を続けなければならないのか？」と疑問を投げかけたことから1つの道が開けたと考えられる。

かつては、中国共産党が主張する「一つの中国」と国民党が主張する「一つの中国」が覇権争いをしたことがあったから、「二つの中国」があった。しかし、中国共産党はこれまで台湾を1日でも統治したことはないし、国民党も大陸反攻と言いながら、中国大陸を統治したことがないのだ。だから、中国の言う「一つの中国」は実態からかけ離れた「虚構」でしかない。

現在では、中国共産党と一部の国民党にとっては、台湾海峡の両岸が「一つの中国」に見えるかもしれないが、世界中の人々からすれば「一つの中国」と「一つの台湾」にしか見えていないではないか。

日本を含む多くの国が「一つの中国」に深く言及することなく、中台双方との関係を維持し続けてきたのは中国との関係に配慮しているからだが、トランプ大統領の発言はその状況に一石を投じたのだ。

中国はアメリカに対して、「一つの中国」原則の受け入れを迫っているが、アメリカは中国の要求に対して、曖昧に対応している。これに中国も反発と妥協を繰り返しながら今日に至っている。

アメリカ政府の態度といえば、「のらりくらりとかわしてきた」というか、「ずるずると妥協した」というか、実に巧妙にアメリカの利益を確保してきた。

「台湾は中国の一部だとする中国の立場に異論を唱えないが、台湾の安全には関与する」というのがアメリカの方針であり、「一つの中国」をめぐる米中の駆け引きは、今日でも続いている。米中貿易戦争から始まった米中対決の中でも、台湾問題は火花を散らしている。そこでは、アメリカは、いずれ「一つの中国」見直しに言及するであろう。

このアメリカの方針は台湾にとって好ましいものだが、楽観視はできない。なぜなら、トランプ大統領は理念で決断するのではなく、取引する大統領だからである。今後、貿易摩擦の駆け引き材料として、台湾が扱われる可能性があるということだ。どういう取引をするのか予測不能な面があるが、次のようなことが考えられる。

まず、台湾にとって悪夢となるが、「中国が北朝鮮への制裁を強める代わりに、アメリカは台湾問題で妥協する」、あるいは「米中間で台湾への武器輸出をやめる新しい共同コミュニケにサインする」というような取引をトランプ大統領は言い出すかもしれない。

しかし、このような案に対しては、ペンス副大統領の中国に対する「国家声明」があるから、歯止めがかけられる。「国家声明」に反した取引はしないように共和党も民主党も動くはずだ。

次が、台湾にとって悲願となる「台湾が独立する日」が近づくシナリオだが、アメリカが中国に対して、「一つの中国」について見直しを求めることから始まるだろう。それに中国が応じなければ、関税をさらに上げる。それでも応じなければ、「一つの中国」の原則を放棄して、台湾に肩入れするか、あるいは、アメリカの「一つの中国」政策を放棄し、実態に近い「一つの中国」「一つの台湾」へ政策転換すると通告するかもしれない。

となると、北京が激怒するであろう。場合によっては、東アジアのバランスが一挙に崩れる恐れもあり、米中間の政治的・軍事的摩擦は避けられなくなるであろう。

いずれにしても、アメリカとしては、少なくとも「台湾の民主主義への支持」という一線は譲らないところで収まると思われる。貿易戦争から始まった米中対決の協議の中で、アメリカが台湾問題を解決したときが「台湾が独立する日」になるということだ。

しかし、この米中対決は、まだ始まったばかりだ。長期戦になることが予想される。しかも、台湾の独立となると、不確実で担保されるものではない。

そこで蔡英文総統は、一国二制度によって台湾を組み込もうとする中国に対して、起死回生ともいえる切り札を切った。「一つの中国」をめぐる中台政治協議については、民意の監督下に置く法改正案を決定し、立法院に提出したのである。かつて馬英九元総統が「92年コンセンサス」とはつまり「一つの中国」原則のことだと認め中国に接近したことがあった。これまではそのような前のめり政権を止める手だてが存在していなかった。

この改正案では「事前の立法院審議と立法院の承認（4分の3以上の出席と、その4分の3以上の賛成が必要）、そして公民投票で有権者の過半数の賛同を得た後に合意文書に調印すること」となっており、民意を中国の統一攻勢に対する防波堤とするものだ。だから現在、民進党が過半数を占めている立法院で改正案が可決されれば、親中政権が独断で中国と政治協議を行うことは難しくなる。

中国の統一攻勢に歯止めをかけられるのが、この改正案であるが、国際世論も重要になってくる。「台湾は台湾である。台湾は中国の一部ではない」、「やはり、『一つの中国』は捏造された虚構だったのか」と世界中の人々に知ってもらい国際世論を形成することは、中国に対する大きな圧力となる。

台湾にとって幸いなのは、これからの数年間は、世界を味方につける絶好の機会ということだ。

なぜなら、中国という国は「国際ルールを守らないで、身勝手で、自分の言い分を押し通すためには何でもやる国である」ということが世界中ですでに認識され、全世界から嫌悪され始めているからである。中国に対する国際包囲網が築かれつつある。

この度、台湾で行われた、東京２０２０オリンピックに「台湾」名で参加するかしないかという公民投票で「台湾」は否決されてしまったが、「台湾は台湾である」という真実が全世界に拡散した効果は計り知れないほど大きかった。しかも、この否決結果にめげず、また、台湾でも、日本でも、台湾正名運動が続けられていくという。台湾の独立を願う人々にとっては、頼もしい限りである。

私も、やはり、「台湾は台湾である」という真実を、あらゆる機会を通じて世界に伝播し、築かれた国際世論の大合唱を背景に、台湾が平和的に独立することが最も賢い選択だと思えてならない。

まず、本書を日本で発行することによって、日本の多くの人々に「台湾は台湾である」という真実を知ってもらい、理解を深めていただければ本望である。

おわりに

本書で一番言いたかったことは、いかに、台湾人が独立することを願っているかであった。そこで、台湾人の生の声をお届けした。台湾人のみなさんの声は、「台湾は台湾である」という真実を背景に語っているだけあって、とても胸に響いた。

台湾人の悲哀は、「国家を持っていないこと、そして、蒋介石が不法にも台湾を占拠したこと」に尽きる。

大陸からやってきて、台湾を支配しているのは中華民国政府だから、台湾人民が独立闘争する相手は、国際法的にも中華民国なのだ。だから、中華民国政府を大陸に追い返して、台湾人による台湾共和国を建国するのが、台湾独立運動の当初の狙いだった。従って台湾を実質的に支配していない大陸の中華人民共和国（中国）に対しては、そもそも独立について話し合う必要もないのだ。

けれども、中華民国もすっかり、台湾化してしまった。しかも、かつては台湾独立を掲げた民進党が党規を変えて政権を担っている。民進党もまた中華民国体制の担い手であるということである。

台湾人民が言う台湾アイデンティティも時の流れとともに、変わってきている。李登輝が民主化を進める前までは、二・二八事件とそれ以降の中華民国政府の弾圧による中国アイデンティティに対抗するように生まれてきたのだが、現在では、台湾化した中華民国は対抗するものではなく、中華人民共和国に対抗するものに変わってきている。むしろ、民主化された憲法を持つ中華民国だから、台湾アイデンティティの受け皿になりうるのではないかと思える。

そうであれば、中華民国を維持したままで、台湾の独立状態も維持できる「中華民国独立」という方式もある。この方式は、台湾が独立を宣言することではないので、アメリカも中国も文句のつけようがなく賛成するのではないだろうかという意見もよく耳にする。

中国に対しては、「一つの中国」が書かれている中華民国憲法を残しておけばよい。「一つの中国」は捨ててはいないということになる。つまり、「一つの中国と一つの台湾」ではなく、「二つ目の中国」を誕生させることである。「一つの中華人民共和国（共産主義の中国）」と「一つの中華民国（民主主義の中国）」である。

独立建国派にしてみたら面白くないであろうが、中国から指図を受けない独立国・中華民国を目標とするならば、独立のハードルは低くなるのではないだろうか。

ただ、そのような筋書き通りに、「中華民国独立」となったとしても、中国志向（統一派）の台湾人が国家の中枢機関を独占し、中国に朝貢する国家になり下がるのではないかという心配もある。

中国志向の台湾人は、民進党の陳水扁政権時代よりも国民党の馬英九政権時代にはるかに増加したことは間違いない。胡錦濤政権時代の融和政策の結果である。

独立派から見ると、頼りない民進党と映るであろうが、蔡政権の現状維持政策は、これ以上中国志向の台湾人を増加させない策だというように思える。


最後に、本書出版に備えて、日本での台湾正名請願署名活動に邁進している台湾研究フォーラム会長の永山英樹さんより、貴重な情報をいただき感謝しております。誠にありがとうございました。

また、在日台湾同郷会会長の王紹英さん、日本駐在の台湾人ジャーナリストである謝恵芝さん、セデック族のルビ・ワリスさん、台湾人留学生の江永博さん、江永博さんの友人である劉さんと江さんから、台湾人としての生の声をお聞かせいただき、読者のみなさんに届けることができました。誠にありがとうございました。ここに改めて御礼申し上げます。

また、編集にあたっては、本井敏弘編集長より、読者が読みやすいように時宜を得たアドバイスをいただき、ご指導いただきました。ここに厚く御礼申し上げます。

平成31年4月吉日　田代正廣

主要参考文献

『台湾の歴史』（喜安幸夫／原書房）
『台湾とは何か』（野嶋剛／ちくま新書）
『台湾総督府』（黄昭堂／教育社歴史新書）
『台湾はなぜ親日なのか』（田代正廣／彩図社）
『本当に怖ろしい中国の歴史』（薩摩雅隆／彩図社）
『台湾紀行―街道をゆく』（司馬遼太郎／朝日新聞社）
『台湾は中国の領土になったことは一度もない』（黄文雄／海竜社）
『日本と台湾』（加瀬英明／祥伝社新書）
『中国の赤い星』（エドガー・スノー／松岡洋子訳／ちくま学芸文庫）
『Ｃｈｉｎａ　２０４９』（マイケル・ピルズベリー／野中香方子訳／日経ＢＰ社）
『蔡英文の台湾　中国と向き合う女性総統』（張瀞文、丸山勝訳／毎日新聞出版）

『親日派！　蔡英文』（黄文雄／宝島社）
『この厄介な国、中国』（岡田英弘／ワック）
『台湾―四百年の歴史と展望』（伊藤潔／中公新書）
『後藤新平　日本の羅針盤となった男』（山岡淳一郎／草思社）
『中華思想と現代中国』（横山宏章／集英社新書）
『これが中国人だ！』（佐久協／祥伝社新書）

著者略歴
田代正廣（たしろ・まさひろ）
1942年、船橋市生まれ。
慶応義塾大学卒業。電子機器会社に勤務。その勤務時代に台湾駐在を体験する。
第二の人生を迎えてから、ISO9000及びISO14000の導入等のコンサルタント業務を行う傍ら、「中国王朝4000年の歴史と中華思想」「明治という国家」「台湾と後藤新平の台湾統治」「新渡戸稲造の武士道」等に関する資料収集に励み、調査研究を長年にわたり続けライフワークとしている。
著書に『おもしろい磁石のはなし』（社団法人・未踏科学技術協会編／日刊工業新聞社）、『台湾はなぜ親日なのか』（彩図社）、『本当に怖ろしい中国の歴史』（彩図社、ペンネーム薩摩雅隆）がある。

台湾が独立する日
日台米中問題の核心

2019年5月24日第一刷

著　者　　田代正廣

発行人　　山田有司

発行所　　株式会社　彩図社
東京都豊島区南大塚3-24-4
MTビル　〒170-0005
TEL：03-5985-8213　FAX：03-5985-8224

印刷所　　シナノ印刷株式会社

URL：http://www.saiz.co.jp
https://twitter.com/saiz_sha

 ISBN978-4-8013-0371-3 C0031